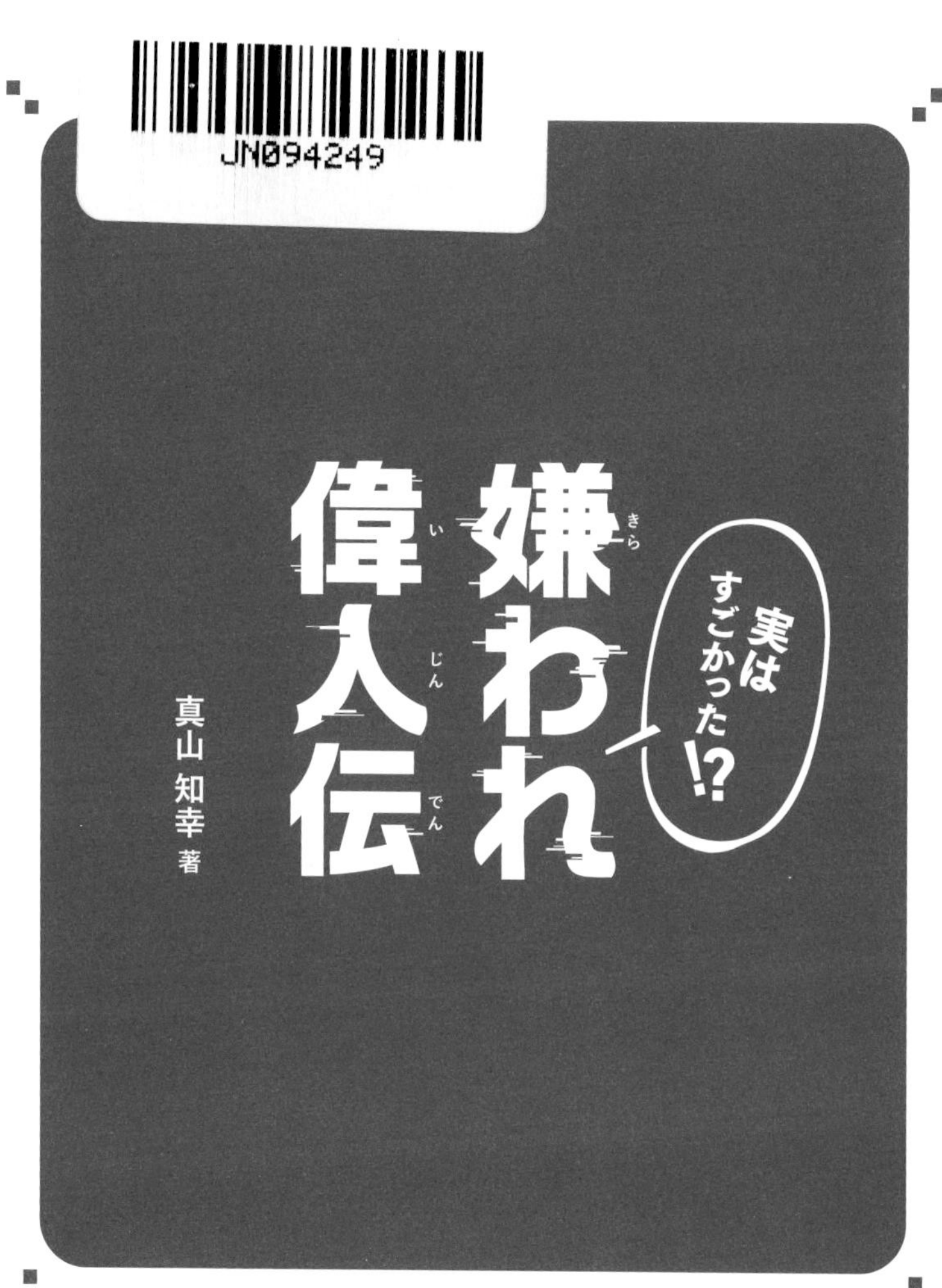

日本能率協会マネジメントセンター

はじめに

勇気を出して困難に立ち向かい、自分の使命を果たすべく、命をかける――。そんな歴史上のヒーローの姿には、思わず勇気づけられる。

しかし、一方では、そんな英雄とは正反対の「嫌われ者」もいる。

飛鳥（あすか）時代の蘇我入鹿は「政治を自分の思い通りにしてやる！」と、わがまま放題。「大化の改新」を果たした中大兄皇子や藤原鎌足にやっつけられた。いい気味である。

平安時代でゴーマンだったのは、貴族の藤原道長だ。満月をみては「少しも欠けていない、まるで私のような月……」と悦（えつ）にひたったというから、そのナルシストぶりには、ドン引きしてしまう。

室町時代の大混乱を招いたのは、将軍の妻でありながら「自分の息子を将軍にしたい！」と言って聞かない日野富子のせいだし、せっかく豊臣秀吉がまずしい身分から天下人になったと思ったら、側室の淀殿が「私は息子だけが大事なの！」とばかりに暴走しまくって、豊臣家を滅（ほろ）ぼしてしまった。

江戸時代の大老の井伊直弼にいたっては「幕府に逆らうやつは許せん！」と弾圧しまくり。いくつもの尊い命が失われた。

だけど、そんなワガママなヤツよりもタチが悪いのは、英雄の足をひっぱる連中だ。

「学問の神様」と名高い菅原道真を、デマで追い落とした藤原時平みたいな陰キャもいれば、平家を見事にたおした源義経の悪口を言いまくって、失脚（しっきゃく）させた梶原景時のような、サイテー野郎もいる。

改革者の織田信長を裏切った明智光秀や、西郷隆盛の盟友でありながら死に追いやった大久保利通……。非情な行動に出て、英雄を抹殺（まっさつ）するなどあってはならないことだ。

そうかといって、全く行動しない無能なリーダーも考えものだ。

信長の息子でありながら「あいつだからしょうがないね」と家臣にバカにされた織田信雄に、今川家を衰退（すいたい）させた蹴鞠（けまり）だけしか能がない今川氏真。武田勝頼なんて、名将の武田信玄パパが病死したら、信長たちにボコボコにされて目もあてられなかったとか……。

この本では、そんな「嫌われ者」ばかりをあえて集めた。なぜ、そんなことをするのかって？　それは、歴史上の「嫌われ者」が、実はさっきのような誤解をされていたり、イメージで語られていたりすることがほとんどだからだ。

ホントにそうなのかは、ぜひ読者のみなさんの目で確かめてほしい。

また「嫌われ者」には、ある共通点がある。その答えは「おわりに」で書いたので、ちょっと考えながら、読み進めてみてほしい。では、いざ「嫌われ者」ワールドへ！

真山知幸

目次

第1章 ワガママだから嫌われている？

第2章 ズルいから嫌われている？

第3章 シッパイしたから嫌われている？

第4章 イメージ先行で嫌われている？

第1章

ワガママだから嫌われている？

これまでの蘇我入鹿（？～645）といえば？

飛鳥時代の645年、中大兄皇子が中臣鎌足と協力して、蘇我入鹿を暗殺したことは、おそらく日本の誰もが歴史の教科書で読んだことがあるだろう。このクーデターの成功によって、中大兄皇子と中臣鎌足は「大化の改新」と呼ばれる政治改革を行い、天皇中心の中央集権国家の道筋をつけることができた。

これまで厩戸王（聖徳太子）らの政治改革をことごとく邪魔してきたのが、蘇我蝦夷と蘇我入鹿の親子であり、わがまま放題の彼らが排除されたことで、日本という国は大きく前進することができた。

当時から有能と認められていて国家ビジョンもしっかり持っていた

「大化の改新」はなぜ行われたのか？

「ムシコロス（645年）大化の改新」

日本史の勉強で、こんなゴロ合わせで年代を覚えたという人も少なくないだろう。**645年の暗殺事件**（**「乙巳の変」**）**から始まった政治改革のことを「大化の改新」と呼ぶ。**政治改革が「暗殺」からスタートするというのもぶっそうな話だが、一体、何があったのか。時代背景をふまえると、「大化の改新」の意味が理解しやすいだろう。

当時、**蘇我蝦夷と蘇我入鹿の親子は、天皇をもしのぐ権力を持っていた。**特に入鹿は、親の蝦夷よりも影響力を誇っていたといわれる。

その一方で、海外に目を向けると、618年に唐が中国全土を統一。中央アジアも支配するなど勢力を拡大していた。**東アジアに唐の脅威がせまるなか、日本も唐に滅ぼされない**ように、強い国になることが急務だった。**

そのためには、**唐と同じように国としての制度を整える必要がある。**というのも、唐は法律にもとづいて制度を整え、皇帝に権力を集中させることで、強い国家を作り上げることに成功していた。

そのため、日本も負けじと、天皇を中心とした国づくりを行う必要があったが、**蘇我蝦夷と蘇我入鹿の力があまりに大きく、このままでは根本からの改革を行うことができない**。

そこで**中大兄皇子と中臣鎌足が手を組んで、この親子の暗殺を計画**。ちょうど朝鮮半島から使者をむかえる儀式が予定されていたので、武器を持ち込めないその式典で実行することにした。

ところが、式典の最中に予想外の出来事が起きる。暗殺の実行役が、緊張のあまりに動けなくなってしまったのだ。

「まずいぞ！　入鹿に暗殺計画を勘づかれてしまう！」

とっさにそう判断した**中大兄皇子が飛び出していき、自ら入鹿を殺害することに成功。蝦夷も屋敷を取り囲まれたので、自ら火を放って命を絶った**。

こうして蘇我蝦夷・入鹿を排除することに成功すると、中大兄皇子は叔父の孝徳天皇の皇太子となって補佐し、翌年にこんな命令が下される。

「土地の私有を認めず、すべての土地を国家のものとする、新しい行政区分や税制度をもうける」

ついにここから、天皇を中心とした国づくりが行われることになる。それは、かつて**厩戸王（聖徳太子）が夢みたことであり、蘇我氏がいなくなった今、ようやく実現することができた**のであった……。

自業自得もあるが必要以上の悪人に

以上が、「大化の改新」の行われた背景となる。つまり、蘇我氏は「改革を邪魔した抵抗勢力」ということになる。確かに、この解釈でいくと蘇我氏は邪魔者だ。**蘇我入鹿は厩戸王の息子である山背大兄王を攻め滅ぼした前科**もあり、彼が殺害されたのも、仕方がないことのように思えてくる。

しかし、**前述したような「大化の改新」のあらましは、『日本書紀』という文献にもとづく。**『日本書紀』は、中大兄皇子（のちに天智天皇）の弟である天武天皇が命じてまとめられた歴史書である。天皇に権力を集中させることになった「大化の改新」は、たとえ暗殺から始まったものでも、正当化されなければならない。直接手を下したのが天武天皇の兄なら、なおさらかばいたくなるだろう。そのため、**入鹿は極端に悪者として描かれてしまった部分もある**ようだ。

だれもが一目おく頭脳明晰ぶりと最期の言葉

では実際の入鹿はどんな人物なのかだが、中臣鎌足とともに私塾で彼らを指導していた渡来僧・旻は、入鹿のことをこう絶賛している。

「生徒のなかでも、第一級の人物だ」

暗殺した側である中臣鎌足の子孫・藤原氏の歴史書『藤氏家伝』ですらも、「入鹿が最も優秀だった」と記録している。入鹿の秀才ぶりは誰もが認めるほどだったようだ。

博識な入鹿は国際情勢もよく知っていたといわれている。もちろん唐の脅威もよく理解していたに違いない。

中大兄皇子らは先に説明したように「天皇を中心として、みながそれに従って力を合わせる国づくり」が必要だと考えていたが、入鹿の考えはまた違った。どうも「有力者が天皇を支えながら主導する国づくり」というスタイルで、国を強くしようと考えていたようだ。

つまり、**入鹿と中大兄皇子らでは、「国を強くする方法」についてビジョンが異なるだけで、「日本という国を強くしなければならない」という使命感は同じだった**のだ。

優秀な人物を**「邪魔だから殺してしまう」のではなく、「一緒に力を合わせる」未来をもう少し考えてもよかったのかもしれない。**

しかし、現実はそうはならず、入鹿の暗殺計画が実行に移された。中大兄皇子に斬られたとき、入鹿はこうさけんだと伝えられている。

「私が何の罪を犯したというのでしょうか！」

優秀な政治家だった入鹿の未来は、空しく断たれることになった。

これまでの藤原道長（966～1028）といえば？

藤原道長は、平安時代に栄華を極め、わがまま放題にふるまった権力者として知られている。自分の娘を次々と天皇のもとに送り込み、孫を産ませては次の天皇にし、自分の権勢を確固たるものにした。気に食わなければ、天皇でさえも退位に追い込んだというからおそろしい。権力マックスのころに詠んだ「この世をば　わが世とぞ思ふ～」は、道長のゴーマンぶりを表す和歌として語り草になっている。ああ、一度くらいは道長のように、何でも自分の思い通りにコントロールしながら、優雅でのんびりとした暮らしをしてみたいものだよなあ……。

夜勤続きの過労に耐えながら病に苦しんだ

ささいなことも気になってしまう小心者

藤原道長といえば、次の和歌を詠んだことでよく知られている。

「この世をば　わが世とぞ思ふ　望月の　欠けたることも　なしと思へば」

意味としては、次のようなものになる。

「この世で自分の思い通りにならないことなんてない。満月が欠けていないように、すべてが満足にそろっている」

ずいぶんとゴーマンだが、調子に乗るのも無理はない。道長は**自分の娘を3人も天皇の后にするという前代未聞のことをやってのけた。**

まずは、長女の彰子を一条天皇に、一条天皇の後の三条天皇には次女の妍子を、さらに次の後一条天皇には三女の威子を后、つまり天皇の妻として送り込むことに成功したのだ。

これを「**一家立三后**」と呼ぶ。

さぞイケイケの男なのだろう……と思いきや、道長の日記を見てみると意外と繊細な性格だったことがわかる。自分が呼びかけた儀式に「誰が来て、誰が欠席したのか」を細かくチェック。貴族の藤原懐平が欠席したときには、このように深読みしている。

「長きにわたって親交があるのに、今日は来なかった。ちょっと不審感を持ってしまう。何か私に思うところがあったのであろうか」

また、孫の敦成親王（のちの後一条天皇）が三条天皇と初めて会ったときのことだ。7歳の孫がマナー作法をカンペキにこなす姿をみて道長は感動。涙まで流したという。

意外にも涙もろく、繊細だった道長。**「傲慢」「強気」といった従来のイメージとは、実像が異なる人物**だったようだ。

ライバルが勝手に脱落したラッキーボーイ

また、道長は権力者になるために数々の陰謀を張りめぐらせてきた……そんなイメージも強いが、道長が**貴族のトップになったのは、ほぼ「運」だった。**そもそも道長は、父・藤原兼家の五男として生まれている。長男からは程遠く、出世する見込みは非常に薄かった。

道長の将来性のなさは、結婚のいきさつにもよく現れている。22歳のとき、道長は左大臣・源雅信の長女である倫子との結婚を望み、プロポーズするが、雅信からイヤがられてしまう。娘の倫子はいつか天皇の后にと考えていただけに、「あんな若僧に娘はやれん」とまで言ったという。幸いにも倫子の母が道長を気に入ったため、父親もしぶしぶ認めることになるが、**結婚させたくないほど道長は出世の見込みがなかった**ことがわかる。

さらに、道長の父・兼家は複数の女性との間に子をもうけたが、正妻との間の子どもだけでも道長のほかに二人の兄がいた。道隆と道兼である。兼家が亡くなると、長男の道隆があとを継いで、「摂政」「関白」という天皇に次ぐ地位を手に入れている。そして道隆は権力をにぎると、自分の子どもたちをどんどん出世させていく。なかでも、長男・伊周に期待して、自分の後継者にと考えていた。**伊周は道長にとって8歳年下の甥だったが、いつしか道長を抜いて高い地位に就いていた**。

もはや道長に出番はなさそうだが、人生は何が起こるかわからない。なんと**道隆が急死**。**もう一人の兄である道兼が関白となるが、たった数日で亡くなってしまう**。当時、社会には天然痘という感染症が大流行しており、死者が続出していたのだ。

こうして兼家の子や孫のなかで残った道長と伊周の二人が、後継者をめぐって争うことになるのだが、**伊周が間もなく「長徳の変」という事件を起こす**。道長のライバル・伊周はあっという間に退場。**たなぼたで、道長のもとに政権が転がり込んできた**のだ。

こうして貴族の頂点に立った道長だが、陰謀らしい陰謀もなく、ただ、**気づけばライバルたちが勝手に脱落して、一人残された**……といったほうが正確かもしれない。

ある意味、出世とは無縁の前半生を送っていた道長だった。

優雅な暮らしとは正反対の仕事人間

道長はトップに躍り出るのと並行して、最初に書いたように娘たちをどんどん天皇の妻にしていった。これも道長が**ゴーマンな性格だったからというよりは、慎重さから来ている**のだろう。いろいろな理由でいなくなったライバルたちをさんざん見て来たのだから、無理もない。

そもそも、源雅信もねらっていたように、**娘が生まれたら天皇の后にしたいというのは、平安貴族なら普通**であり、道長の父・兼家や兄・道隆も行っている。

さらにいえば道長の兄・道隆は、娘の定子を天皇の「中宮」、つまり最も上の后として認めさせている。実は、天皇の母や祖母も「中宮」と呼ばれるため、すでにこのとき、3人もの中宮がいた。道隆が娘を4人目の「中宮」にしようとすると、貴族たちからは異論が噴出。「前代未聞だ!」として叩かれたが、道隆は強引に推し進めた。つまり、**なにかと「やりすぎ」と言われがちな道長だが、彼だけが特別ひどかったわけではなかった**のだ。

さて、「摂政」「関白」「太政大臣」と最高の地位を手に入れた道長は、まったり過ごす……こともなく、山のような資料に目を通しては深夜まで会議に出て、徹夜で仕事をすることも多かった。**地位が高いからといって、ただ優雅に暮らしていたわけではなく、実のところは、かなりのハードワーカーだった**のである。糖尿病によって62歳で病死したのも、

いる。

「働きすぎ」がそもそも原因だったと考えられている。

昨今は、あの有名な和歌についても、新しい解釈が打ち出された。

京都先端科学大学の山本淳子教授は、和歌が詠まれた状況からして**「今夜は本当にいい夜だなあ」くらいの意味しかないのではないか、という説**を唱えている。

貴族社会のトップに君臨したけれど、働きすぎで体調も壊しがちだった道長。ようやくのんびりできた夜に、気持ちよく詠んだ和歌が、後世でとんでもなく誤解されて嫌われてしまったとしたら……ちょっとかわいそうかも？

これまでの平清盛（1118〜1181）といえば？

「平家にあらずんば人にあらず（平家の人間でなければ人並みではない）」のフレーズどおりに、平清盛は武士として初めて太政大臣に任じられて、平家一門の栄華を築いた。だが、『平家物語』を読むと、清盛は取り立ててくれた後白河法皇を幽閉したり、都を平安京から福原に移したりと、やりたい放題。15歳くらいの少年を300人ほど召し抱えては、「禿」というスパイとして市中に放ち、平家の悪口を言う者がいれば、捕まえて家財までうばったという。暴君以外の何者でもない、おそろしい人物だった。

アイデアマンでやさしいリーダーだった

「お金でやりとりすれば便利！」と気づく

今、抱えている問題点をしっかりと把握したうえで、さまざまな改革を行い、社会をよりよい方向に動かしていく――。それが国のリーダーにとって、最も大切な仕事である。

そういう意味では、**武士として初めて政権をにぎった平清盛は、実はアイデアマンでとても優秀な日本のリーダーだった**といえる。

清盛は「太政大臣」という最高の官職につくと、こんなことを考えた。

「物の売り買いをするときに、お金でやりとりしたら、めちゃくちゃ便利じゃない？」

何を当たり前のことを……と、現代の私たちなら思うところだが、**当時は物の売り買いにはお米や絹の織物などを使っていた**。当然、持ち運びはしにくいし、いちいち量を計らなければならないので不便でしょうがない。その場でのやりとりも、なかなかスムーズに進めることができなかった。

そこで清盛は、**宋（中国）のお金である「宋銭」に目をつけた**。宋銭はすでに日本に輸入されてはいたものの、原料の銅を経典の筒に使うなど、お金として使用する動きはまだ限られていた。

この問題を解決すべく、清盛はさっそくダイタンな改革を行う。まずは、今の神戸港にあたる場所に大輪田泊という港を整備。日本から金・銀・硫黄などを宋に輸出する代わりに、多くの宋銭を大量に輸入した。そして、**輸入した宋銭を、取引するときの「お金」として日本国内で流通させた**のだ。

このように清盛は、日本と宋との貿易を活性化させながら、**本格的な貨幣経済を日本で初めて実現させている**。また、その後、神戸が国際的な貿易港として発展を遂げていくのも、清盛がそのきっかけを作ったといえよう。

しかしこれは、日常の取引のあり方を変える大改革だった。そのスケールが大きすぎるがゆえに、**多くの人には、アイデアマン・清盛がやろうとしていたことの意味がよく理解できなかった**。これが、「清盛は自分のやりたい放題に政治を動かした」というイメージにつながっているのだろう。

ズルをせず、まじめに仕事して出世した

また、清盛は武士にもかかわらず、貴族社会ですさまじいスピードで出世したことで知られている。子どものスパイを使ったというくらいだから、ズルいことや武力にものを言

わせて強引にのし上がった……そんな印象もあるが、これも言いすぎている。

清盛の父・平忠盛は、武士として初めて殿上人（有力貴族の一員）になるほど能力が認められていたが、清盛自身は**30歳をすぎてもごく普通の昇進スピードだった。**

清盛が大きく躍進したのは、1156年に起きた「保元の乱」で、後白河天皇（のちの後白河上皇・法皇）に味方して、崇徳上皇との争いに勝利してからのことである。さらに、1159年の「平治の乱」では、同じ武士で二条天皇へのクーデターにかかわった源義朝との対決にも勝利。その功績から清盛は正三位・参議に昇進し、**43歳にして公卿（上級貴族）**の仲間入りを果たした。急速に出世したのはその後からで、**50歳で太政大臣**にまで上りつめる。

実は、清盛は**強大な軍事力を持ちながらも、自身から合戦をしかけたことは数少ない。**そして参加した合戦では、いずれも勝利するという勝負強さを見せている。

つまり、清盛は何も**ズルい手や自分のためだけに戦を利用して、出世したわけではなかった。**天皇から参戦を求められた戦に勝利することで功績が認められるという、ごくまっとうな方法でのし上がっていったのである。

お寝坊さんな家臣をそのまま寝かしてあげた

これだけリーダーとして優秀でありながら、何かと誤解されやすい清盛。これは、彼を多く取り上げている**『平家物語』**が**「諸行無常（どれだけ栄えても最後はなくなる）」をテーマにしているだけあって、栄えた清盛をことさら悪く書いた部分もある**ようだ。

一方、鎌倉時代中期の説話集**『十訓抄』**では、清盛についてこんなふうに書かれている。

「空気の読めない発言があっても《冗談で言ったのだろう》としかることはなかった。たいしておもろしくもないときでも笑い、相手がどんな間違ったことをしても《どうしようもないやつだ！》と声を荒げることもなかった」

ずいぶんと理解のある人柄だが、それだけではない。冬の寒いときは、近くに仕える侍たちを自分の着物の近くに寝かせてやる、という思いやりも見せている。

それどころか、朝早くに彼らがまだ寝ていたら、起こさないようにそっと抜け出して、ゆっくり寝かせてあげたとか……。**暴君どころか、むしろ「甘すぎるのでは!?」と心配になる**くらいだ。

これらの逸話から、『十訓抄』ではこうつづっている。

「人の心を感激させるのは、こういうことである」

そんな清盛の気づかいは、政治の場でも同じだった。後白河上皇と二条天皇が対立した

ときも、貴族たちが両派閥に分かれるなかで、清盛はどちらの味方もしないことでバランスをとっている。

「平家にあらずんば人にあらず」

そんな暴言を吐いた人物とは思えない、あまりに意外な素顔だが、そもそもこの言葉は清盛ではなく、義弟にあたる平時忠が言ったもの。**キャッチーなフレーズゆえに、平家のトップでひときわ目立つ、「清盛の言葉に違いない」とカン違いされやすい**ようだ。

アイデアマンで器が大きく、実行力とバランス力に優れた、他人思いで頼りがいあるリーダー。それが平清盛の実像である。

応仁の乱を引き起こしたヤバい悪女

応仁の乱を終わらせた敏腕政治家

これまでの日野富子（1440〜1496）といえば？

戦で活躍する武将たちはカッコいいけれど、実際の戦に巻き込まれたら、たまったものではない。たくさんの命が失われる戦には、当時の人たちだってウンザリしていたことだろう。戦国時代に突入する前の室町時代に、そんな戦が11年も続いたことがあった。「応仁の乱」のことだ。その原因となったのが、日野富子である。室町幕府将軍の妻となった富子が「我が子を将軍にしたいの！」と言い出したことで、国内最大級の内乱が引き起こされることになった。長い戦乱により京の町を荒廃させ、将軍の権威も失墜させてしまう……まさに稀代の悪女である。

実は……

夫に代わって幕府の立て直しに必死だった

ライバルと伝統による大きなプレッシャー

ヤバい悪女として現代に知られる日野富子。なんだか怖そうな女性だが、室町幕府8代将軍・足利義政のもとに16歳で嫁いだときは、こんな不安で胸が押しつぶされそうだった。

「将軍の正室（正妻）として、何とかして男の子を産まなければ……」

武士の跡取りは男子が大原則だったのもあるが、富子が不安だったのは、20歳の義政にはすでに側室（正室以外の妻）の女性が何人かいたうえ、義政と彼女らとの間に子どもが数人生まれていたからである。

ただし、女児ばかりだったので、注目されたのは「誰が男児を産むのか」ということ。**あとから嫁いできた富子は、すでにライバルに囲まれていた**のだ。

また、富子にとって**もう一つのプレッシャーが、自分の家柄**だった。

日野家は、平安時代以来の貴族の家だ。室町時代に入ると、**3代将軍の足利義満からずっと、将軍の正妻は日野家から出すのが伝統**となっていた。

富子もそういった伝統にしたがい、将軍の正妻としてむかえ入れられている。富子としても「うまくやらないと！」という思いが強かっただろう。

子どもを作らないと、子どもを作らないと……。気持ちがあせるばかりで、なかなか子どもを授からなかったが、結婚して4年後、ついに富子は懐妊（かいにん）した。飛び上がらんばかりに喜んだことだろう。しかし、富子が宿した子どもは生まれてすぐに亡くなってしまった。富子は深く悲しみ、夫の義政もつらい思いをした。

「もう自分には男の子は生まれないだろう」

気落ちした義政は、僧侶（そうりょ）になって俗世（ぞくせ）から離れていた**弟の義視（よしみ）に頼（たの）み込んで、義視を養子としたうえで自分の後継者にする**ことにした。

将軍の夫の判断ミスでグダグダに……

ところが、である。富子は再び懐妊して、今度は無事に出産。のちに義尚（よしひさ）と名づけられる待望の男の子を産んだ。**義政が弟に「後継者になって！」と頼んだわずか1年後**のことで、あまりにタイミングが悪すぎる。「一体、何をやってくれたの、あなたは……」と富子がいらだったとしても不思議ではない。**予想外の展開に義政は、後継者を弟にするか、息子にするか、はっきりと決められなくなってしまう**。
ここで**よく言われるのが、「富子が息子を将軍にしたがり、応仁の乱が起きた」という**

批判だ。富子は息子の義尚を将軍にしようと、後見役の山名宗全や日野家の権威をバックにして、各方面に働きかけていく。そこに幕府の実力者である細川勝元と、山名宗全の対立などが起きた結果、大きな戦になった……というものである。

しかし、**近年の研究では、守護大名の畠山義就と畠山政長の従兄弟間で起きた家督争いが、応仁の乱のきっかけ**だったとされている。義就には山名宗全、政長には細川勝元ら有力大名がそれぞれ味方したことで争いは激化。とうとう1467年5月26日に、細川方が東軍、山名方が西軍として、全面武力衝突してしまった。

つまり、**将軍跡継ぎ問題は「応仁の乱」の原因としては二の次**で、富子だけに責任を負わせるのは間違いだろう。そもそも正妻が「我が子を将軍にしたい」と考えるのは、当時としては自然なこと。むしろ責められるべきは、判断を誤ったうえに態度をはっきりさせなかった将軍の義政ではないだろうか。

応仁の乱を終わらせる富子の「交渉力」

義政が、富子との間に生まれた義尚を後継者に決定したのは、応仁の乱が起きてから2年後のこと。**戦の最中に弟・義視と敵対した後**のことであり、あまりにも遅い決断だった。

そんな義政が武士のトップの将軍なのだから、「応仁の乱」を終わらせることなどできるわけがなかった。

頼りにならない夫に代わって動いたのは、富子である。戦のゴタゴタを終わらせるべく、仲違いしていた義政と義視の兄弟を和解させたうえで、当時幕府と戦っていた西軍の主力である大内政弘と幕府との交渉を実現させるべく、調停役となった。

その結果、**政弘に守護職として4カ国の所有権を持つことを認めて、官位も昇進させることにし、その見返りで京から撤退してもらう**ことにしたのだ。

しかし、大内政弘と同じ西軍で戦っていた畠山義就は、なおもまだ戦おうとしていた。自分の家督争いからはじめた戦だが、得られたものがあまりなかったためだ。また、ここまで戦ってきて大した成果もないとなると、彼にしたがってきた兵たちもだまってはいないだろう。

そんな気持ちを察した富子は、**義就へ撤退を促すために、1000貫文（今の数億円）もの大金を貸し付けた。**富子は、ケンカの中心となっていた両大名に「ほら、土地や官位をあげるし、お金もあるわ。だからもうやめましょう」と、うまくなだめたのだ。

稼いだお金を国と幕府のために使う

二人の欲しいものを的確に与える見事なバランス感覚だが、なぜそんなことができるお

金を持っていたのか。実は、**戦乱で治安が悪化するなか、富子はその維持もかねて関所を作って通行料をとる**ことで収入を得ていた。さらに、**米商人や高利貸しなどからワイロを受け取る**ことで、財産を蓄えたのである。また、将軍の正妻である富子のもとには、銅銭や刀剣などの贈り物も集まってきたので、それも蓄財したことで富子は今の金額にして**実に70億円ほどの資産を有していた**という。

ワイロを受け取って貯めるなどは、今から見れば悪いことになるが、重要なのはその使い道だ。富子は自分のぜいたくではなく、**戦乱続きでお金のない朝廷へ献金や献品を行ったほか、内裏（天皇の住まい）の修復や新邸の築造を行っている。**

さらに、応仁の乱で焼かれた神社や仏閣などの修復も積極的に行った。**私財を投じて、天皇家と**

将軍家のメンツを保ったのである。そして、先に説明したように応仁の乱をおさめるために、貯めたお金を有効活用したのだった。

何かと表に出る女性は「悪女」とされがちで、富子もまさにそのパターンである。しかし、政治家としては将軍の夫よりもよほど優秀だった。富子の死後、将軍家を内側から支える者がいなくなってしまい、室町幕府の権威はすっかりおとえて戦国時代へと突入していく。

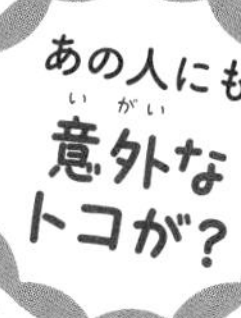

足利義政（1436〜1490）

正妻である日野富子に、仕事を押しつけた感じの足利義政。24年間も室町幕府の将軍の座についていたにもかかわらず、政治的な実績はたいして残さなかったというから、どうしようもないダメリーダーである。

しかも、富子と結婚して数年で「自分には男の子ができない」と見切り、「弟を後継者にする」と宣言。しかし、その直後に富子をみごもらせてしまい、翌年に義尚が誕生。跡継ぎ問題を解決したつもりが逆に問題を作ってしまい、「応仁の乱」の火種の一つにしたのは日野富子のところで説明した通りだ。

一方で、義政は日本の芸術を愛し、戦火を逃れた芸術家や職人たちを、京都の東山殿で保護するなど、文化の担い手を積極的に支援している。そんな義政のおかげで、この時代には、能や狂言などの伝統芸能、茶の湯、水墨画、書院造りなど、さまざまな芸術が花開くことに。これを「東山文化」と呼ぶ。その代表作が、足利義政が造った「銀閣寺」であり、世界遺産にも登録されている。

政治はからきしダメだった義政。けれども、文化人としては「超一流」だった。

豊臣家を滅亡に追い込んだ親バカ女

豊臣家を守るべく命をかけた強き母

淀殿

これまでの淀殿（1569～1615）といえば？

激動の戦国時代において、豊臣秀吉がついに全国平定を果たす。それでも秀吉の野望は尽きず、海の向こうの明国を支配するべく、まずは朝鮮へと出兵することになる。だが、朝鮮の支配は思うようにいかず、失意のなかで秀吉は病死。そのあとを継いだのは、息子の秀頼である。だが、豊臣家の勢いは失速し、やがて徳川家康に滅ぼされる。その一番の原因とされたのが、秀吉の側室で秀頼の母・淀殿である。ヒステリックな淀殿は、我が身と息子かわいさのあまりに、家康の要求を拒否。その結果、家康に攻撃する理由を与えることになった。「日本三大悪女」の一人とされる淀殿は、豊臣家を滅亡に追い込んだ、親バカ女である。

秀吉亡きあとの豊臣家を守ろうと全力を尽くした

「秀吉の子ではない」と陰口を言われても

豊臣秀吉が病死すると、急速に存在感を強めたのが、徳川家康だ。「関ヶ原の戦い」で石田三成に勝利すると、征夷大将軍に就任して江戸幕府を開府。わずか2年後に将軍の座を息子の秀忠にゆずると、自身は「大御所」という立場で権力をにぎり続けた。

一方の秀吉亡きあとの豊臣家はというと、息子の秀頼があとを継いでいた。本来、**秀吉の家臣だった家康は、その子である秀頼に従わなければならない**はず。しかし、もはや実権をにぎっているのは家康のほうであり、家康は息子の秀忠が将軍になると「お祝いに来るように」と、秀頼を呼びつけているくらいだ。

これに怒りを見せたのが、秀頼の母・淀殿である。なぜ秀頼の臣下であるはずの家康から、呼びつけられなければならないのか。淀殿はこう言って断固拒否を貫いたという。

「どうしてもというならば、秀頼を殺して自害する」

この**ヒステリックな淀殿の態度が、豊臣家を滅亡へと導いた――そんなイメージを持た**

れやすいが、淀殿もまた誤解が多い歴史人物の一人である。

淀殿の本名は、浅井茶々。近江国の戦国大名である浅井長政の長女として生まれた。母は織田信長の妹「市」である。つまり、茶々は伯父に信長を持つ姫君であった。

ところが、父の長政が信長と対立したことで、生活は一変する。追い込まれた父は自害。さらに伯父の信長が「本能寺の変」で自害したことで、母の市は織田家の筆頭家老である柴田勝家に嫁ぐが、勝家は豊臣秀吉に敗北。勝家とともに市は自ら命を絶つこととなった。**父も母も亡くした茶々に、もはや頼れる者は誰もいない。**波乱に次ぐ波乱のなか、茶々は**豊臣秀吉の側室、つまり「正式ではない秀吉の妻」である「淀殿」として、生きていく**ことになった。

さて、このときの秀吉はといえば、全国統一も現実味を帯びてきて、もはや怖い者なし。あとは、跡継ぎさえ生まれれば……というときに、淀殿が秀吉の子・鶴松を出産。残念ながらすぐに亡くなってしまうが、**淀殿は再び懐妊して男の子を産む。これがのちの秀頼である。**

大喜びした秀吉は、甥の秀次を養子にして関白の座をゆずったばかりなのに、我が子を後継者にするため、邪魔者として秀次を追放して自死に追い込んでいる（おいおい）。

秀吉が暴走する一方で、淀殿は**「産んだのは、秀吉以外の男性との子なのでは？」と陰**

口を叩かれた。秀吉には、これまでなかなか子ができなかったにもかかわらず、淀殿が立て続けに懐妊したため、「何か秘密があるのでは？」とみなが疑心暗鬼になったのだ。

何かと周囲のやっかみをうけやすかった淀殿。さぞ大きなストレスを抱えていたに違いない。それでも、母は強しだ。**秀吉が病死して家康が台頭してくると、「私がしっかり豊臣家を守らなければならない」という思いを強くした**ようだ。

秀吉の死後、家督は秀頼が継ぎ、母である淀殿が権勢をふるうこととなった。

秀吉の正室・寧々とも協力体制を築く

秀吉の死後、豊臣家を継いだ秀頼が大坂城の本丸に住むと、母である淀殿も同居している。秀吉の正室（正式な妻）である寧々は西の丸へと移った。

正室と側室という関係から、**淀殿と寧々は何かと不仲だとされてきたが、それは後世の創作**にすぎない。すでに高齢の秀吉を取り合うような関係では、そもそもなかった。**秀吉の死後、二人はますます接近し、ともに豊臣家をサポートするべく連携**している。

関ケ原の戦いの前哨戦「大津城の戦い」でも、淀殿と寧々の双方から使者を出し、東軍と西軍を一時的に和睦させ、大津城の本丸にいた側室の京極龍子を救出している。

その後、冒頭で紹介したとおり、家康が秀頼への上洛を促し、それを淀殿が拒否したことから、後世では「ヒステリックな女性」として扱われることになる。だが、**13歳にして当主の息子を後見する母としては、むしろ当然の感情**だろう。

結局、家康は秀頼を上洛させるのをあきらめて、六男の忠輝を大坂城へと送る。これには秀頼も喜んで、忠輝にごちそうしたという。**淀殿の粘り勝ちといえる。**

自らが江戸で人質になることも交渉で提案

そして、もう一つ、「淀殿ヒステリック説」を裏付けたのが、1614年7月に起きた「方広寺鐘銘事件」だ。秀頼が再建した方広寺大仏殿にある鐘の文字に、家康がいちゃもんをつけ、豊臣家に対して大坂城から退去するか、秀頼か淀殿のいずれかを人質に送るよう言い放った事件である。

これに激怒した淀殿が家康の要求をはねつけたことで、大坂の陣が起きて豊臣家は滅び、よって淀殿は悪女……と、長きにわたって言われてきた。だが、実際は**大坂冬の陣の最中、淀殿は「自分が人質として江戸に下る」と家康に停戦交渉していた**という。結局、交渉は決裂し、家康は大坂城に砲撃をして豊臣家を追いつめていくが、**淀殿には秀頼のために自分を差し出す覚悟があった**ということになる（ちょっと遅かったのかもしれないが）。

1615年5月、家康は息子の秀忠とともに大坂夏の陣で、豊臣家にとどめを刺す。大坂城が炎上するなか、**淀殿は秀頼の助命を嘆願するが聞き入れられず、ともに大坂城で自害。**淀殿は47歳、秀頼は23歳で、その生涯を閉じた。

用意周到な家康に少しずつ追いつめられた、淀殿と秀頼。淀殿の立ち居振る舞いが、ベストだったかどうかはわからない。もしかしたら、家康をも懐柔させる何かよい手があったのかもしれない。だが、そこまでを淀殿に求めるのも、酷だろう。

淀殿からすれば、「私だってやりたくてやったわけではない」と言いたくもなるはず。豊臣家を、そして息子を守るためには、自分が矢面に立つほかなかった。最期まで豊臣家を、そして最愛の息子を支えた淀殿だった。

「安政の大獄」でひどい弾圧をした暴君

真面目に難題を解決した有能な政治家 井伊直弼

これまでの井伊直弼（1815〜1860）といえば？

長く鎖国を行ってきた日本だったが、アメリカのペリーと日米和親条約を結ぶと、続いて派遣されたハリスとも日米通商修好条約を締結。本格的に開国へと向かうことになった。問題となったのが、日米通商修好条約を結ぶにあたって天皇の許可を得ていなかったということ。このとき強引に推し進めたのが、大老（今でいう総理大臣）の井伊直弼だ。直弼はその後、幕府に批判的な人たちを弾圧し、100人以上が処罰されることになった。そんな井伊の横暴によって幕府の政治は混乱し、反発する者も増えていく。最期は「桜田門外の変」で暗殺された、幕末の嫌われ者である。

実は……

条約の締結にも慎重だったのに、誤解が重なって弾圧に走ってしまった

「いらない子扱い」にくさらず修行に打ち込む

幕末の大老・井伊直弼といえば、外国と勝手に条約を結んだうえに、それが問題になると「安政の大獄」で反対派の弾圧を行った恐ろしい人物……というイメージしかない。実際のところ、どんな人物だっただろうか。

直弼は、近江国彦根藩の第14代藩主・**井伊直中の十四男**として、彦根城に生まれた。井伊家では、**長男以外は他の大名家もしくは家臣の養子になる必要があり、そうでなければせまい家とわずかな生活費で暮らさなくてはならない**。

「どこか養子にしてくれるところはないだろうか……」

直弼が不安な日々を送っていると、江戸にいる兄から呼び出される。何でも養子にしてくれそうな大名を紹介してくれるのだという。これでようやく将来も安泰と、直弼は弟とともに江戸へと向かう。

しかし、養子先が決まったのは弟だけ。**直弼は1年も江戸に滞在したが、誰にも養子に**

してもらえなかった。がっかりしながら彦根に帰ると、自分が住むせまい屋敷のことを「埋木舎（うもれぎのや）」と名づけて、こんな意味の歌を詠んだ。

「花も咲かない埋（う）もれた木のように、こもって自分のなすべきことをすればよいのだ」

ここでいう「なすべきこと」とは、学問にはげみ、人格をみがいていくこと。直弼は、途中の江戸にいる期間をのぞいて、**17歳から32歳までの実に15年間を、この埋木舎でひたすら修行していた**のである。

政治改革のリーダーとして活躍

埋木舎にこもりながら、直弼は**禅（ぜん）や剣技の修行にはげみ、国学や和歌を研究**。さらに茶室をしつらえて、**茶人としても一流の腕前**を持つようになった。そんなふうに「なすべきこと」をコツコツ積み重ねていくと、おのずと道が開けるのが、人生の面白いところだ。

32歳になった直弼は突然、江戸へと出て来るように命じられ、兄の直亮（なおあき）の養子になることが決定。このとき、直亮は父の直中から後を継いで、15代藩主となっていた。つまり、直弼は**32歳にしていきなり藩主の養子として迎（むか）えられた**ことになる。

この急展開に誰よりもとまどったのは、直弼本人だった。友人への手紙で、こんな思いを吐露（とろ）している。

「思いもしなかったことで、身に余る幸せだが、自分は愚か者なので大いに心配している」

やがて「その日」はやってくる。3年後に直亮が病死すると、直弼は**35歳で第16代・彦根藩主に就任**。すぐさま藩の人事を刷新して、思い切った改革を行いはじめた。

直弼の政治手腕は注目され、とうとう江戸幕府にまで及ぶ。直弼は**ペリーの黒船来航をきっかけにして、「溜詰（今でいう副大臣）」という立場から幕政に参加**。そして将軍の徳川家定に見出されると、直弼はなんと**「大老」の地位にまでのぼりつめる**こととなった。

当初、直弼には大老のような重要な役目は務まらないと思われていたらしい。周囲からは「能力は子どものようなもの」「大老にふさわしくない」などと悪口も言われていた。

だが、直弼はそんな前評判も気にすることなく、意欲にあふれていた。**大老に就任してすぐに、将軍・家定の病気が重くなって出てきた「次の将軍は誰にするのか？」という問題を難なく片付けてしまう**。徳川慶喜を推す声もあるなかで、血筋を重視して紀州藩主の徳川慶福を推薦。家定が亡くなると、すぐさま慶福が徳川家茂として第14代将軍に就任し、将軍の空位をさけることができた。

そして、次なる大きな課題こそが、条約調印の問題だった。

条約調印には慎重で天皇の立場を重んじようとした

直弼についてはこれまで、**「孝明天皇の反対にもかかわらず、勅許（天皇の許可）を得ることなく、強引に条約調印を進めた」と批判されてきたが、それは誤解**である。

当初、外国人がとにかく嫌いだった孝明天皇が条約に強い拒否反応を示すと、幕府は急きょ話し合いを行っている。だが、この条約締結については、これまで幕府がさまざまな大名たちと話し合って決めたものだ。**「今さら朝廷の許可はいらない」という声が大半だった。**

しかし、そのなかで**「天皇から許可をもらわないうちは、調印すべきでない」と主張したのが、ほかでもない直弼であった。**とはいえ大老として意見をまとめる立場の直弼は、自分の慎重論を推し通すことはなく、実際に交渉を担当している岩瀬忠震と井上清直の二人に、こう伝えている。

「天皇から許可が得られるまでは、できるだけ調印を延期するようにハリスと交渉してほしい」

現場からすれば難しい交渉になるのは言うまでもない。井上に「交渉が行きづまった場合は調印してもよいですか」とたずねられ、こう答えている。

「その際は仕方がないが、なるべく延期するよう努めよ」

あくまでも慎重な直弼だったが、結局、天皇から許可を得ることなく、日米通商修好条約が締結されることになってしまった。

実際に交渉する井上や岩瀬からすれば、延期は現実的ではなかっただろう。ただ、プロセスを見るかぎりは、直弼は井上たちの立場を理解したうえで延期の相談をしており、条約調印へ暴走したとは言えなさそうである。条約調印には慎重だったのに、幕府のトップであったことで幕府＝直弼の意思と、判断されたのだ。

誤解されてすれ違った直弼の思い

条約の一件で暴走した者がいるとすれば、それは孝明天皇だった。というのもこの直後、自分の許可なしに条約を結んだことに対する幕府への不信感から、孝明天皇は水戸藩に「幕府を改革せよ」という命令を下している。これが「**戊午の密勅**」といわれる天皇の命令であり、大きな問題となった。

なぜならば、江戸時代には、全国組織である幕府の下で、各藩が領地を治める「幕藩体制」が築かれていた。そのため、「幕府の改革を！」と孝明天皇が藩に命令するのは、会社でいえば、本人ではなくその部下に、「あいつを何とかしろ！」というようなもの。そんな行いは現代人でも首をかしげるだろう。実際、当時でも政治がめちゃくちゃになると思われたようで、直弼は「**これは水戸藩の策略に違いない」と思い込んでしまった**。

これをきっかけに、「**天皇の命令にかかわった者を徹底的に処罰すべし」と、直弼は「安政の大獄」にふみ切る**こととなる。直弼の弾圧は許されることではないが、幕府が水戸藩らに深刻な不信感を抱いたきっかけは、孝明天皇の暴走にあったことは、頭に置いておく必要があるだろう。

暴君とされやすい井伊直弼。最期は弾圧をうらんだ元・水戸藩士らに暗殺されて、46年の生涯を閉じる。その一方で「日本が近代化に出遅れずにすんだ、開国の恩人」という声もあがっている。**これから再評価が進む歴史人物の一人**となるだろう。

ペリー

（1794〜1858）

ペリーが1853年、黒船で浦賀湾にいきなりやってくると、多くの江戸っ子たちが押し寄せて大さわぎになった。翌年にペリーは再び来航。幕府はアメリカとの間で「日米和親条約」を結び、約200年にわたった鎖国の時代は終わりを告げた。

強引に開国をせまった、鬼みたいなアメリカ人――。このあと次々と他国との「不平等条約」を結ばされるはめになったこともあり、そんなイメージを持たれがちだ。

だが、イギリスなどほかの強大な列強がアジア諸国を攻撃して支配するなか、ペリーは戦争ではなく、交渉によって幕府を説得。確かにアメリカに有利な条項もあったが、それでもペリーが「日本と交渉して条約を結んだ」という事実のおかげで、列強もそれにならって交渉の道を選ぶ。こうして日本は、列強の支配を受けることなく国際社会に参入できた。

またペリーは、「日本の手工業者は、世界におけるいかなる手工業者にも劣らず熟練して精通している」と日本の技術力を高く評価。エラソーな印象とは異なり、実は日本人の長所を公正に認めていた。

西郷隆盛を死に追いやった冷酷な独裁者

親友を信じて明治維新を成し遂げた名宰相

大久保利通

これまでの大久保利通（1830〜1878）といえば？

短髪、太いまゆ、小太り、犬を連れている、おいどんは……ごわす。そんな連想ゲームができてしまうほどイメージが定着しているのが、人気者の西郷隆盛だ。一方でその西郷と同じ薩摩藩の出身で、ともに江戸幕府を倒した大久保利通は、「西郷どん」に比べると、非常に不人気。それもそのはず、明治維新後、西郷が西南戦争という内乱を起こすと、政府側のトップである大久保はそれを鎮圧。幼なじみの西郷を死に追いやってしまう。西郷はただ、かわいそうな武士のために立ち上がっただけなのに……。人気者の親友にも容赦しない大久保は、血も涙もない独裁者として恐れられた。

西郷をいつもかばいながら、日本の近代化に力を尽くした

絶望していた西郷の心を救う

大久保利通は、薩摩藩（現在の鹿児島県）で、貧しい武士の子として生まれた。**3歳年上の西郷隆盛とは幼なじみで、本当の兄弟のようだったという。**

そんな二人がなぜ、最後は争ってしまったのだろうか？　過去を少し見てみよう。

二人がまだ無名だったころ、**先にその名を広く知られることになったのは、先輩の西郷のほうだった。**藩主の島津斉彬（しまづなりあきら）に評価されて取り立てられると、側近として京都で活躍し始めた。

ところが、斉彬が急死すると情勢は変わり、西郷は一転して幕府から追われる身となってしまう。**大老となった井伊直弼が「安政の大獄」という政治弾圧を行い、西郷もそのターゲットになってしまった**のだ。

尊敬していた斉彬の死に絶望した西郷は後を追って死のうとするも、僧の月照（げっしょう）に助けられる。しかしその後も「安政の大獄」で追いつめられた二人は、とうとう海に飛び込んで自殺しようとした。西郷だけは救出が間に合って生き残ったが、その現場に駆けつけた大久保は、西郷にこう言った。

「月照があの世に逝き、あなた一人が生き残ったのは、決して偶然ではありません。天が、国家のために力を尽くさせようとしているのです」

大久保の熱い言葉が心に響いたのだろう。幕府の目からかくすために、西郷は奄美大島へ島流しとされるも、島で生き直すことを決意している。

西郷の言動に振り回されながらサポート

西郷が表舞台から一度降りたあと、**大久保は斉彬の弟である島津久光に気に入られ、側近に抜擢された**。そして久光のもとで働きながら、大久保はいつもこう考えていた。

「島に流されている西郷さんを、再び薩摩藩に呼び戻さなければ……」

当時、幕府は弱体化する一方であり、このままでは欧米諸国に支配されてしまう。軍事力のある薩摩藩がリーダーシップをとり、藩の代表者が京都で朝廷から命令をうけるかたちで幕府を改革する――。それこそが亡き藩主・斉彬の「上京プラン」であり、実現するには西郷の力が必要だと、大久保は確信していた。**「西郷を島から戻してください」と久光に何度も訴え、ようやく願いが聞き入れられる**ことになった。

しかし、島から帰って来た西郷は上京計画について、久光の目の前でこう言い放った。

「あなたのような田舎者では無理でしょう」

大久保は青ざめたに違いない。その後も**西郷は久光のいうことを聞かなかったため、再び島に流されてしまう。**今回は**大久保も混乱の責任をとり処分を受ける**ことに……。

どれだけ偉い人が相手でも、はっきり自分の意見を言うのが西郷の良いところだが、さすがに言葉がひどすぎた。大久保の苦労も水の泡である。

それでも**大久保の「西郷とともにこの日本を変えたい」という思いは変わらなかった。**この後も西郷が島から帰って来れるようにと、大久保は働きかけている。彼がそこまでしたのは、二人が互いを必要としていたからだ。

西郷は大久保とのコンビについて、こう説明している。

「もし家を作るならば、私のほうが大久保より優れているだろう。しかし、いざ家の建築が終わって、住みやすくなるように工夫したり、室内を整えたりして、立派な一つの家として完成させることにおいては、大久保のほうがずっと得意だろう。そして、また家をぶっ壊すときが来れば、私のほうが大久保よりもずっと得意だ」

いわば、パワー系の西郷が豪快にぶっ壊して、新しい器をざっくり作ってしまえば、あとはテクニック系の大久保がうまく機能するように、あちこちに工夫する……**タイプの違**

う二人のタッグだからこそ、長く続いた江戸幕府を倒して、新しく明治政府を立ち上げられたのだ。

すれ違ったが西郷を信じ抜いていた

しかし、そんな「ズッ友」だった二人にも、決定的な対立が生まれる。

明治時代が始まると、大久保は岩倉使節団の一員として、アメリカとヨーロッパを視察。現地で実感したのが、日本と欧米との圧倒的な差だ。**あまりの国力の違いに大久保は落ち込んだが、気を取り直して日本の近代化を改めて決意**し、欧米をあとにした。

ところが、帰国してみれば、政府は「韓国に攻め込もう！」と盛り上がっているではないか。その中心となったのが、あろうことか西郷だった。大久保からすれば、大事な国力をそんなことに使っている場合ではない。日本を近代化させるべく、技術革新を急がなければならないとあせっていた。

しかし、**留守番をしていた西郷からすれば、もはや士族（元武士）の不満は頂点に達していることを感じていた**。明治の世になり、活躍の場がなくなった武士たちの気持ちを外に向けさせるためにも、西郷は韓国に攻め込むべきだと考えたのだ。

外国を見てきた大久保と国内を見てきた西郷。二人の意見は平行線をたどり、**西郷はと**

うとう明治政府から去ることに……。大久保は韓国攻めの計画は白紙にして、国力を戦争ではなく、日本を近代化させるための政策として実行に移していった。

西郷はその後、不平武士たちに担がれて政府に反乱を起こす。**「西南戦争」とよばれるこの戦いで、大久保は容赦なく西郷を追いつめたというイメージが強いが、実は西郷が関わっているとは思いもしなかった**という。大久保の側近の何人かが次のように証言している。

「周りが何と言っても『西郷はそんな男じゃない』と言って聞かなかった」

いよいよ西郷が乱に加わっていることが確定すると、大久保は「そうであったか」と漏らし、**人前でめったに見せない涙を見せた**という。

近代化のために借金までしていた

西南戦争に敗れた西郷が自害してから、約4カ月後の1878年5月14日。大久保も後を追うように命を落とす。いつものように出勤していると、途中の坂で襲撃を受けて（紀尾井坂の変）、**全身に16カ所もの傷を負わされ**、そのまま死去。47年の生涯を終えた。

暗殺者たちが持っていた紙には、大久保による政治への不満がつづられており、なかには「税金のムダづかいをしている！」という批判もあった。

しかし、大久保は税金のムダづかいどころか、人知れず、**国家の公共事業に自分の財産を惜しみなく投じていた**。そのため、死後は財産ではなく借金を残している。

近代日本の礎を築きながらも、最期の最期まで誤解された大久保だった。

第2章

ズルいから嫌われている？

優秀なライバルをワナにはめた卑怯者

天皇を補佐して改革を進めた実力者

藤原時平

これまでの藤原時平（871～909）といえば？

「学問の神様」として知られる菅原道真。受験シーズンになると、道真をまつる太宰府天満宮には、合格を祈願する多くの学生が今でも訪れている。そんな道真を、陰謀によって政界から追放したとされるのが、藤原時平だ。時平が「道真は謀反をたくらんでいる」というデマを広めたことで、道真は太宰府へと左遷されてしまう。天皇に目をかけられ、どんどん出世する道真への嫉妬から、そんなヒドイことをしたらしい。道真は京の都に帰ることもできず、絶望のなかで死をむかえることとなった。彼の死後に関係者の相次ぐ死や落雷による大火事が起きたことで、道真は「日本三大怨霊」の一人として数えられることに。その原因を作ったのが時平である。

道真とともに天皇を補佐した改革者だった

オナラで笑い転げる陽気な男

優秀な菅原道真に嫉妬して、道真が左遷（今よりも低い立場に落とすこと）されるように陥れたひどいやつ――。藤原時平については、もはやこのイメージしかないといっても、言いすぎではないだろう。誰もが人生で一度くらいは出会うことになる「他人の足をひっぱるタイプ」だ。

こういうタイプの人間にはかかわらないのが一番だが、**時平の素顔を見てみると、ちょっとイメージは違ってくる。**

時平は左大臣（大臣のトップ）として醍醐天皇を支えたが、二人はよいコンビだった。あるとき、醍醐天皇が「貴族たちには、もう少し倹約をしてもらわないと……」となやんで、時平と話し合ったところ、「これだ！」というアイデアがうかんだ。その数日後、時平が豪華な服装で醍醐天皇の前に現れた。

周囲はおどろいたことだろう。醍醐天皇が日ごろから、貴族に「ぜいたくはしないように」とクギを刺していたからだ。

案の定、醍醐天皇は時平の服装を見て「なんだ、その姿は！」と激怒。周りの貴族たちが心配していたよりも、はるかに激しい叱り方だった。これには時平もしょんぼり。屋敷にこもって、しばらく仕事に出なくなってしまった。そんな様子を見た貴族たちは、改めて倹約にはげみ、質素な生活を心がけたという。

そう、これこそが醍醐天皇と時平が考えた作戦だった。**時平がわざと怒られるような状況を作り、それを見せつけることで貴族たちの気持ちを引きしめた**のである。二人で芝居をしていたのだから、醍醐天皇も時平もなかなかの役者だ。

そんなふうに頭が切れる反面、時平は「笑い上戸」でもあった。『大鏡』という文献によると、**書記官が「ぷー」とオナラをしたのを聞いて、時平は笑いが止まらなかった**とか。

人を陥れる陰湿な男かと思いきや、意外とゆかいな性格だった時平。はたして、本当に道真を追い落としたのだろうか。

ライバル道真が台頭したのは父親のせい

醍醐天皇のもとで左大臣を務めた時平に対し、右大臣（大臣のナンバー2）を務めたのが菅原道真である。この関係性こそが「時平が道真をライバル視した」とされる理由だが、**ライバルの道真が右大臣にまで出世した背景には、時平の父の暴走があったことはあまり**

知られていない。

時平の父・藤原基経は、すさまじい権力者だった。清和天皇、陽成天皇の2代にわたって、摂政（幼少の天皇の代わりに政治を行う者）を務めているほどだ。

さらに、陽成天皇が退位したあとは従兄弟を光孝天皇として即位させ、実質的に関白（天皇の補佐役）となって政務を独占している。次の宇多天皇もまた、「政治は基経にすべて一任！」としている。

ただ、**基経はちょっとやりすぎてしまった。**宇多天皇が、基経を関白に任じる詔書（天皇の正式な命令書）を下したときのことだ。そのなかに「阿衡」という言葉があったことに、基経は激怒する。

「中国では『阿衡』は実権がない官職のこと。私を政治から遠ざけるおつもりですか！」

宇多天皇は「いやいや、そんなつもりはない」と弁明するも、基経はへそを曲げて出仕しなくなってしまった。**「阿衡事件」と呼ばれるこの騒動は、実に1年にもわたって続いたという。**どうも基経は、本当に怒っているというよりも、いちゃもんをつけて、自分の影響力をさらに高めようとしていたようだ。

困った宇多天皇は、詔書を書いた担当者を解任。さらに基経の娘の温子が、宇多天皇の女御（后の一人）として入内（天皇に嫁入り）することで、ようやく問題は解決した。だ

が、宇多天皇はこう考えるようになった。

「藤原氏の権力が強すぎるな。対抗できる人間を育てなければ……」

そこで宇多天皇が目をつけたのが、菅原道真だった。当時、道真は讃岐国司の長官だったが、**「阿衡事件」において、冷静な意見書で基経をいさめたことで、天皇からの信用を勝ち取った。**基経の死後、中央に返り咲いた道真は順調に出世する。宇多天皇が退位すると、醍醐天皇のもとで、右大臣を務めることとなった。

つまり、**父・基経がやりすぎたために、道真は時平のライバルとして立ちはだかることになった**のだ。時平からすれば「父ちゃん、勘弁してよ」と言いたくなったかも？

政治は真面目に取り組んでいた

通説では、時平は次のようなデマを流して、道真を追い落としたといわれている。

「道真が娘婿を皇太弟（皇位を継ぐべき天皇の弟）にしようと企んでいる」

もっとも、時平がどれだけ道真のことをうとましく思っていたかはわからない。むしろ**両者は詩文や贈り物を何度もやり取りするなど、もともと険悪な仲ではなかった。**また、道真の異例の出世には時平のみならず、貴族の誰もが嫉妬していておかしくない状態だった。

さらにいえば、**道真はイメージほどクールなタイプではなかった。**蔵人頭（天皇の筆頭秘書官）に**出世した弟子のほおを平手打ちした、という意外な逸話もある。**もしかしたら同じようなふるまいをして、他人からうらみを買っていた可能性も高い。

そして、実のところ、**道真が「娘婿を皇太弟にしようと企んでいる」というのはデマではなく、実際にそんな企てがあったとする研究者もいる。**この本では「嫌われ者」を再評価しているが、道真のようにやたらとイメージがよい歴史人物の人間くさい一面も、今後はもっといろいろ明らかになってくるかもしれない。

道真が失脚すると、時平は6歳以上の男女に田を与える制度を推し進めたり（班田制）、違法な土地所有を廃止したり（延喜の荘園整理令）するなど政治改革に次々と着手。**39歳の若さで亡くなるまで政治手腕を発揮し続けており、決して道真に劣る人物ではなかった。**

源義経をウソで陥れた最悪のチクリ魔

源頼朝を支えた冷静沈着な側近

これまでの梶原景時（1140〜1200）といえば？

上司に気に入られるためならば、同じ組織の仲間でも容赦なく蹴落としていく……。そんなイヤなやつが現代でも一人や二人はいるものだ。鎌倉幕府を開いた源頼朝に仕えた武士、梶原景時はまさにそんな人物だった。文字の読み書きができない者が多いなかで、自分だけは文字を操れることで頼朝から気に入られた景時。源義経と対立すると、頼朝に義経の悪口をふきこんで、ひどい目にあわせた。江戸時代に上演された歌舞伎でもいつも悪人として登場するなど、時代を超えた嫌われ者だ。

冷静な意見で武士をまとめるのに貢献していた

人気者の引き立て役という立場

人気のある歴史人物と対立関係にある者は、どうしても悪いほうに描かれがちだ。

「牛若丸」の名で知られる源義経は、鎌倉幕府を開いた源頼朝の弟で、頼朝が「打倒平家！」を掲げて兵をあげると、その軍に合流。戦術に長けた義経は、数々の戦で大活躍して戦功をあげていく。

語り草になっているのが、「源平合戦（現在は「治承・寿永の乱」と呼ばれる）」での活躍だ。最終的に義経は「壇ノ浦の戦い」で見事な戦いぶりをみせ、平家に勝利。6年にも及ぶ源平合戦に終止符を打った。

この合戦において義経と戦術をめぐって対立したのが、梶原景時である。さらに源平合戦後には、景時が義経について、あることをないことを頼朝に吹き込み、結果的に義経は幕府から排除されることになった……というのが、一般に広まっている話である。**「源平合戦」を題材にしたフィクションは、たいてい景時を悪人としてあつかっている。**

だが、**実際に行われたやりとりを見てみると、だいぶ印象が変わってくる。**二人の対立は、景時が「このたびの合戦では、舟に逆櫓（さかろ）を立てたい」と言い出したのが、きっかけのようだ。

丁寧（ていねい）なアドバイスを義経に拒絶（きょぜつ）される

「逆櫓」とは、通常の櫓（ボートをこぐときに使うオールに似ている）とは反対の向きにつける櫓のこと。逆櫓を立てることで、船尾（せんび）をさきにして船を進めることができるというのだ。景時はこんな説明をしている。

「馬を駆（か）けさせるときは、左でも右でも容易に向けられます。しかし、舟は素早く押し戻すことは困難です。逆櫓をつけて、船をどちらにでも簡単に押せるようにしましょう」

船上での戦いに向けてのよい提案のように思うが、義経は「そなたは好きにすればよい。私は、櫓は一つで十分だ」と聞く耳を持たない。それどころか**「初めから逃げ支度をしては、よいことはない」と、らんぼうな精神論を語り出したので、景時は冷静にこう諭（さと）した。**

「いい将軍は、駆けるべきときに駆け、退くべきときには退いて、身の安全を守るものです」

それでも義経は「戦いはただひたすら攻めて勝つのが心地よい」と引かなかったという。

実は、この意見の対立自体が、「勇ましい義経、ずるがしこい景時」という印象をつけ

るための『平家物語』の創作だという指摘もある。

だが、仮にこのようなやりとりがあったとしても、**景時の意見がそれほどおかしなものには思えない**。「ひたすら攻めよ」という義経よりも、あらゆる状況に備えて対策を練る景時のほうに頼もしさを覚えるのは、筆者だけではないだろう。

有能で上司に気に入られすぎた悲劇

頼朝が評価したのも、まさに景時のこうした冷静さだったに違いない。

景時はもともと、平家のほうに味方していた。ところが、源平合戦の初期に起こった「石橋山の戦い」に負けて山に潜む頼朝を、景時は見逃してあげたという。

その後、平家から離れた景時が源氏側につくと、頼朝の側近として重宝されることになる。「敵将の頼朝を救う」というとっさの判断が、人生を切り拓くことになった。

景時は東国武士としては珍しく、**弁舌や文章が巧みで実務能力も高いため、頼朝も頼りにしていた**ようだ。木曽義仲を討ち取ったときには、**討ち取った武将の名前など詳細を記したリストを作り**、頼朝に献上。その手際の良さと綿密さに、頼朝はいたく感心したと伝えられている。

ただ、そんな機転が利いて、上司の頼朝に気に入られていたところも、**周囲の武士からは「調子乗っているな、アイツ……」と嫌われてしまったのかもしれない**。そして、景時の評価を決定づけたのが「頼朝に宛てた義経を批判した手紙」である。それは次のような内容だった。

「義経殿は、勝利したのは自分の戦略のおかげで、自分一人の手柄だと思い込んでいます。しかし、実際は、頼朝様が御家人を貸し与えて、大勢の武士の協力があったからこその勝利なのではないのでしょうか」

さらに、**「平家を倒してからというもの、義経殿は態度が大きくなり、武士たちはみなビクビクしています」と現状を報告し、景時も注意はしたが処罰されそうになった……**と訴えている。

この手紙が「義経を陥れた」とされているが、事実ならば問題があるのは義経のほうだ。

景時の手紙は、ほかの御家人を思っての勇気ある告発にほかならない。しかも、このときの**義経への不満は、頼朝と義経の間の兄弟である源範頼（みなもとののりより）からも寄せられていた**。状況から考えて、景時のデタラメともいえなさそうだ。

教養があり、冷静な判断によって「チーム源氏」を支えた景時。ただ、周囲の武士からすれば「仕事ができて、何かと頼朝に報告するヤツ」はちょっと面倒な存在にも見えたかも。**頼朝の死後、1年も経たずして、景時は追放されてしまう**。

頼朝への忠誠はそのままに、周囲の武士たちにとっても親しみやすい人間になれるように努力していたら、また違う展開もあったかもしれないが……簡単ではないよね。

天下統一を邪魔して混乱させた裏切り者

頭脳明晰で領民思いの優しき名君

明智光秀

これまでの明智光秀（？～1582）といえば？

1582年に起きた「本能寺の変」は日本史最大のミステリーといってよいだろう。織田信長の重臣である明智光秀が突然クーデターを起こして、主君の信長を討ち取ってしまった。なぜ、そんなことをしたのか？　その動機はいまだに謎のままである。反逆に成功したかにみえた光秀だが、裏切り者に味方する者はおらずに孤立。「信長様の仇をとる！」と猛スピードで中国地方から戻って来た羽柴（豊臣）秀吉に追いつめられて、最期は落ち武者狩りにあっさりとやられている。恩知らずの裏切り者にふさわしい、みじめな最期だった。

安定した社会の実現を目指していた

実は秀吉と同じタイプ？の努力家

明智光秀は、織田信長が討たれた「本能寺の変」の首謀者だ。織田家の重臣でありながら、なぜそんな裏切りを行ったのか？　真相はナゾだが、**そもそも光秀はわかっていないことが多い**。

なにしろ、生まれた年すらよくわかっていない。文献によって1516年生まれか1528年生まれかで見解が分かれている。

明智一族の出自についても、どうも怪しい。後世にまとめられた系図では、「室町時代に美濃国で守護を務めた名門・土岐氏の流れをくむ明智氏の出身」とされてきたが、同時代の史料では証拠がなく、はっきりとしていない。

何ともつかみどころがないが、この得体の知れなさこそが、光秀という男の特徴だ。**たとえ名門出身でなくても、その才覚のみを武器に戦国大名へとのし上がっていく**――。現代社会でいえば「腕一本で勝負するフリーランス」のような精神で、光秀は戦国の荒波を乗り越え、あわや天下をもつかみかけた。

そう考えると、**秀吉にも通じるところがある。**ただの「卑怯な裏切り者」とも言えなさそうだ。どのようにして信長に仕えるようになったのだろうか。

信長と将軍の連絡役として登場

光秀が表舞台に現れたのは、足利義昭に仕えるようになってからのことだ。それまでは、出身地の美濃国から越前国に移り、長崎称念寺の門前で、**10年あまりも牢人として暮らしていたらしい。**医学の初歩的な知識を持っていた光秀は、医師のようなこともしながら、なんとか生活していたという説もある。

しかし、光秀が仕えた義昭もまた、不安定な状況下にあった。兄で第13代将軍・足利義輝が三好三人衆（三好長逸・三好宗渭・岩成友通）らに殺害されたのを受けて、義昭は姉婿である若狭国守護・武田義統のもとに逃れた。そこから越前へと移り朝倉義景を頼りながら、京都に何とか復帰しようと画策。そんなときに、**光秀は義昭に接近して気に入られた**といわれている。

義昭は京に入って将軍に就任しようとするも、どうも朝倉家の動きがにぶい。そんななか、「幕府のために力を貸したい」とアピールする信長の存在感が際立った。

信長に頼るべきかどうか――。幕臣たちのなかでも意見が分かれるなか、義昭は側近の細川藤孝を介して信長に接近。その連絡役となったのが光秀だった。**信長との交渉をこっそり進めるために、朝倉家で顔が知られていない光秀が織田家とかかわるようになった。**

1568年、信長は義昭を連れて京に入り、義昭はめでたく将軍に就任。**光秀は京都支配の担当者に任命され、信長の家臣とともに仕事をする**ようになる。

信長と義昭の架け橋となった光秀だが、やがて信長と義昭の関係は悪化。**信長が室町幕府を亡ぼすと、光秀は織田家の家臣として活動していく**ことになる。

多彩な家臣団をまとめるルールを徹底

信長のもとで出世した人物といえば豊臣秀吉が知られるが、**家中で最初の城持ち大名となったのは光秀である。**本能寺の変の直前には、与力（配下につけられた武士・大名）も含めれば、**畿内一円の統治を任されるまでになっている。**

光秀を支えた家臣たちは、大きく分けて3つ。まず、明智秀満や斉藤利三たち、光秀と同じく美濃出身の武士たち。次に、光秀が領地とした近江国や丹波国から登用した武士たち。そして、室町幕府に仕えていた武士たちだ。信長が幕府を滅ぼした際に、幕府に仕えた多くの武士たちが京都にとどまり、光秀の下についた者もいた。さらに光秀は、義昭に仕えていた武士たちも家臣や与力にした。

このように光秀は、**出自にこだわらずに多種多様な人材を登用**。彼らをまとめるために、光秀は18条に及ぶ**「家中軍法」を定めて、約束事や禁止事項を家臣たちに細かく示した**。

例えば、戦場での雑談や抜け駆けを禁止し、自分の命令に従わせることを徹底。その理由もきちんと説明している。

「明智軍のルールが乱れていると、《戦で役に立っていない》などとバカにされて、周囲にも迷惑をかけてしまう。自分勝手な行動は、信長様の耳にすぐ届くことだろう」

光秀の気配りにおどろかされると同時に、信長への恐怖心も伝わってくる。宣教師のルイス・フロイスの記録によると、信長が手でわずかに合図するだけでも家臣たちはただちにその場から居なくなり、信長が一人だけ呼んだはずなのに、部屋の外から100人もの家臣たちが大声で返事をしたとか。よほど怖かったのだろう。

おっかない信長の下で働くのはとても大変そうだが、**優秀な光秀は細やかな統制をとることで家臣をまとめ上げ、信長の期待に応え続けた**のである。

領民に神様としてあがめられる名君

出自の異なる家臣たちにきっちりルールを守らせながら、光秀は**大名としての内政においても手腕を発揮した。**

本拠地である丹波国の亀山城に加えて、横山城を福知山城として改築し、さらに周山城を築城。**城郭を整備しながら家臣たちを適切に配置**し、各地の支配を任せた。

そうして支配体制を整備する一方で、住民を苦しめる問題にもきちんと向き合った。由良川の治水工事に着手したり、「地子銭」という税金を免除したりするなど、**さまざま政策を行って領内を安定させている。**

リーダーとして申し分ない実力を発揮した光秀。「本能寺の変」は、信長の横暴なふるまいに我慢の限界がきたともいわれている。家臣や領民たちにとってよりよい社会を築くためには、「横暴な信長を排除するしかない」と思いつめたのかもしれない。

京都府福知山市にある御霊神社では、光秀が「神」としてまつられている。光秀は「街を発展させた名君」として、今でもなお地元で愛され続けている。

気弱で優柔不断な頼りない指揮官

冷静に戦況を見極めた若き知将

これまでの小早川秀秋（1582〜1602）といえば？

「天下分け目の大決戦」とも呼ばれる、関ヶ原の戦い。徳川家康が率いる東軍か、石田三成が率いる西軍か、いったいどちらが勝つのか……そんな、日本歴史上における緊迫した場面において、きわめて優柔不断な小早川秀秋は、どちらにつくべきか、グズグズとなやみ、いつまでも決断できなかった。合戦が始まってしばらくしてから、家康側につくことを決意。それも業をにやした家康から「早く腹を決めんかい！」とばかりに、鉄砲を撃たれたことで、ようやく決断したのであった。ひ弱で情けないこと、この上ないダメな指揮官だった。

開戦直後に家康に味方して勝利の立役者となった

やたらと情けなく描かれるワケ

1600年にくり広げられた「関ヶ原の戦い」は、天下を二分する大決戦になるはずが、ふたを開けてみれば、たったの数時間で決着がついてしまった。徳川家康が率いる東軍が、石田三成率いる西軍に、あっけなく勝利することになる。

だが、いざ戦が行われるまでは、どっちが勝ってもおかしくはなかった。そんな状況で東軍の勝利を決定づけたとされるのが、西軍に味方したはずの小早川秀秋による、東軍への寝返りである。

関ヶ原の戦いはマンガや小説、ドラマ、映画など、さまざまなジャンルの題材になっているが、**「小早川がどのように寝返るのか」が見どころの一つである**ことは、共通している。

多くのパターンは、気弱な小早川秀秋がそのまま西軍にいるのか、寝返って東軍につくのかを決められず、家臣たちに「殿、ご決断を！」とせまられるなか、**家康から鉄砲を撃ち込まれ、ビビッてようやく東軍につくことを決める**……というものだ。

しかし、このエピソードは、関ケ原の戦いから百年以上たってからできた軍記物、つまり「フィクション」に書かれたものが、もとになっている。**実際の秀秋の行動は、全く違うものだった。**

秀秋がやたらと頼りない人物として描かれるのは、当時まだ19歳の若さだったということもあるだろう。だが、関ヶ原の戦いに至るまでの秀秋の激動の人生を思えば、ずいぶんイメージは変わってくるはずだ。さて、どんな人物だったのだろうか。

運命にほんろうされながらも幸運をつかむ

秀秋は、木下家定の五男として生まれた。**父の家定は、豊臣秀吉の妻・北政所（寧々）の兄にあたる。つまり、秀秋と秀吉は親戚関係にあたり、秀秋は3歳のときに秀吉の養子となった。**

子どもができなかった秀吉にとって、このころの秀秋は唯一の養子であり、秀吉も妻の北政所も実の息子のようにかわいがった。

秀吉に実子の鶴松が誕生したことで、後継者候補からは外れたものの、秀秋への愛情は変わらなかったようだ。秀吉は秀秋に丹波国亀山領（現在の京都府）を与えて、秀秋は**わずか8歳にして大名となった。**一見すると秀吉が甘やかしているように見えるが、秀秋の将来を真剣に考えていたのだろう。大名にする直前、秀秋に「学問にはげみなさい」「タカ狩りはしなくてよろしい」「着物をきちんと着なさい」などと、細かく生活指導をしている。

さらに、**秀吉は自身の引退後には、財産を秀秋に分ける約束までした**という。というのも、秀吉の実子である鶴松はたった2才で死去。甥の秀次が豊臣家の家督を継ぐことになったが、養子の秀秋にも何か残してあげたいと考えたようだ。

その後、秀秋は順調に出世して、13歳で中納言に任官する。当時の諸大名のなかで、**中納言以上の官職は、大納言の家康だけ**だった。異例の大出世だといえるだろう。

そんなふうに秀吉に目をかけられた秀秋だったが、**秀吉に再び実子の秀頼が生まれると、微妙な立場になってしまう**。秀吉が隠居したあと、秀秋が財産を受け継ぐという話は立ち消えになり、将来の先行きが全く見えなくなってしまった。

ところがここで、豊臣政権の重鎮・小早川隆景から「養子にほしい」という話が持ち上がる。**秀秋は小早川家の養子となり**、しかも、隆景の宗家である毛利輝元の養女を妻にむかえることになったのである。

やがて小早川隆景が隠居すると、秀秋は当主の座を継ぎ、現在の福岡県にあたる筑前・筑後の30万石以上を預かる国主になった。状況が目まぐるしく変わるなか、秀秋は**結果的**

に大大名の地位を得ることができたのだった。

関ヶ原の戦いで迷ってなどいなかった

戦国時代において、自分を取り巻く状況は、ものすごいスピードで変わっていく。そのときどきの判断を間違えてはならない――。

秀秋は自身の人生経験から、そんなふうに考えたことだろう。関ヶ原の戦いにおいて、西軍から東軍に寝返ったのも、冷静に状況を考えた結果、東軍が勝利すると的確に予見したからにほかならない。

実はもともと、秀秋は家康に恩義を感じていた。というのも、小早川家の当主となったあと、晩年の秀吉によって、筑前・筑後から越前（現在の福井県）12万石へと、理不尽にも半分以下の領地に変えられてしまう。しかし、**途方にくれた秀秋をみかねた家康が働きかけたことで、再び筑前・筑後を取り戻すことができた。**そんな経緯があったため、**秀秋の気持ちは、東軍を率いる家康にもともとあった**ようだ。

秀秋が寝返った時期についても、近年はこれまでとは違った見方がなされている。関ヶ原合戦の結果報告がなされている史料（『堀文書』）によると、**実際の秀秋は戦が始まり、東軍が西軍を攻撃すると、迷うことなくすぐに西軍を攻撃した**という。優柔不断でも何で

もなく、最も東軍にとって有利になる瞬間を見極めて寝返り、数時間での勝利を決定づけているのだ。

その活躍ぶりは周知のものだったらしい。関ヶ原の戦いのあと、秀秋は家康からこんな手紙を受け取っている。

「今回の関ヶ原で忠義を尽くしてくれたこと、とても感激してうれしく思います。取り交わした約束は必ず実行します。とても喜ばしいことです。これからは、息子の秀忠と同じように考えて、ないがしろにすることはありません」

天下人となった家康をこれほど感激させた、若き知将・小早川秀秋。事前の約束通りに、現在の岡山県にあたる備前・美作の2カ国55万石を与えられたが、その2年後の21歳で病死。激動の生涯に幕を閉じた。

苦労せずに天下を奪った「タヌキ親父」

「人の心」を大切にして天下を統一したカリスマ

徳川家康（とくがわいえやす）

これまでの徳川家康（1543～1616）といえば？

「織田がつき　羽柴がこねし天下餅　座りしままに　食ふは徳川」。そんなフレーズを聞いたことがあるだろう。江戸時代に流行った歌で、意味としては「織田信長が始めた天下統一という大事業を、羽柴（豊臣）秀吉が引き継いで完成させたが、何もしていない徳川家康がちゃっかり自分のものにしてしまった」という意味となる。いつでもおいしいところを持っていって、天下を横取りした家康。口ではどんなにイイことを言っていても、心の中では何を考えているのか、わかったものではない。相手をだますことが大得意な、セコいタヌキオヤジ、それが徳川家康である。

実は……

敵を味方に、ピンチをチャンスに変えて戦い続けていた

敵対した相手を許して「最強の家臣団」を作る

織田信長、そして豊臣秀吉が苦労して天下統一への道筋を敷いたのちに、徳川家康がちゃっかり、何の苦労もせずに天下人となった——。

そんなふうに「おいしいとこどり」をしたと思われがちな家康だが、実際は数々の困難を乗り越え、ようやく天下を治めて、江戸幕府を開くことができた。**困難のなかでも、特に命の危機にさらされたピンチは、「家康の三大危機」と呼ばれている。**

その**1つ目が、「三河一向一揆」**である。今川家から独立したばかりの家康が、領内の一向宗に認められていた特権をうばったところ、反発した門徒たちによる一揆が各地で勃発し、家臣からも裏切り者が続出。**なんとか鎮圧したものの、家臣団が分裂しかけた**危機は、まだ20歳の若き家康を苦しめることになった。

2つ目が、武田信玄と戦った「三方ヶ原合戦」での激しい戦いである。当時31歳だった家康が、浜松城を素通りした武田信玄を追撃しようとしたものの、武田軍に待ち伏せされてさんざんに攻撃されてしまう。「家康は戦死した」といううわさが広がるほど、**家康軍は壊滅的なダメージを受けた。**

このときに**家康を命がけで救ったのが、家臣の夏目広次（吉信）**である。夏目は「われこそが家康なり！」と名乗りながら、十文字の槍を手に取って戦いへと打って出て、自分に注意を引きつけながら、家康を逃がしたという。夏目は、そのまま戦死することとなった。

夏目が自分の命を犠牲にしてまで、家康を救ったのにはワケがある。実は、**夏目は先ほどの三河一向一揆において、一向宗側について家康を苦しめた。**それにもかかわらず、処刑されても仕方がない夏目に対して、**家康は処罰すらせず、これまで通りの待遇で家臣として復帰させた。**夏目はこのときに「家康のために命を捨てる」と心を決めたのだろう。

生き延びた家康は、やがて同盟相手の信長とともに、「長篠の戦い」を皮切りに武田軍を撃破。このときも家康は、**打ち負かした武田家の家臣たちを、自分の仲間に引き入れ、人材として活かす**道をとっている。

そして「家康の三大危機」の**3つ目は、「本能寺の変」によって、信長が明智光秀に討たれたときに訪れた。堺にいた家康は、敵対勢力のど真ん中で孤立してしまった**のだ。

しかし、家臣たちに助けられながら、伊賀や甲賀の険しい山道を越えるという過酷なルートで三河へと帰還。光秀の追手や落ち武者狩りをさけて、生還を果たすことができた。**「チーム家康」の団結力はこの危機を乗り越えたことで、さらに高まる**こととなる。

裏切りが相次ぐ戦国時代において、家康はいつも家臣たちを大事にし、そのことで家臣たちもまた家康の役に立ちたいと考えるようになっていった。**常にチームワークを重視した結果、最強の家臣団が作り上げられた**ことで、家康は天下人になることができたのである。

相手を理解して心をつかむ手紙を書きまくる

「天下分け目の大決戦」と呼ばれる「関ヶ原の戦い」では、家康が率いる東軍が、石田三成が率いる西軍を圧倒。たった数時間の決戦であっさりと勝利している。

だが、その**勝利の裏には、家康の地道な努力があった。それは「手紙」である。**

三成の挙兵を知ったとき、家康は会津（現在の福島県）の上杉征伐のため、現在の栃木県にあたる下野国の小山にいた。そこから江戸へ引き返した家康だったが、その後、**約1カ月も江戸城にとどまっている。**その間、「どれくらいの大名が自分に味方しそうなのか」を冷静に見極めながら、**全国の諸大名に手紙を書いて送っていた**のだ。

それも**ただ送っただけではない。家康が出した手紙は、その文面から相手の立場に立っ**

た心づかいが感じられる。

特に細川忠興、加藤清正などの豊臣家に近い大名には、「もし勝利したときには恩賞として、この国を与えます」といった具体的な見返りが、ちゃんと明示されていた。

相手が知りたいことや、不安に思うだろうことを、先に伝えておけば「**あなたをよく理解していますよ**」というメッセージにもなり、受け取るほうからすれば、何とも頼もしい。そんな細やかさがあったからこそ、家康は「関ヶ原の戦い」においても、勝利することができたのである。

天下統一のため、手を汚す覚悟で最後まで戦い続ける

それでも、家康の天下取りはまだ終わったわけではなかった。関ヶ原の戦いは、あくまでも、豊

臣家に仕える有力な大名同士の戦いでしかなかった。勝利した家康は、今度は秀吉のあとを継いだ**豊臣秀頼から、いかにして天下を争う力をうばい取るか**に心をくだいている。秀頼は年少ではあるものの、まだまだ豊臣家を慕う大名も多く、慎重に行わなければならなかった。

歴史にくわしい読者ならば、**方広寺鐘銘事件**について聞いたことがあるかもしれない。秀頼が京都の方広寺に大仏を再建するにあたって、釣り鐘を新たに造ったところ、そこに「国家安康」という文字が刻まれていた。**「家」と「康」という字が分断されていることから、「家康の首を身体から切る、という呪いが込められている」と家康がクレーム**をつけて、秀頼との戦に突入することになった、というものである。

当時、名前は非常に重要なもので、相手の名前を軽々しくあつかうことは、とても失礼なことではあったが、この事件は長らく「家康のいちゃもん」とされてきた。しかし近年、東福寺の僧侶による弁明書から、**豊臣家側が意図的に「かくし文字」として使っていた**ことが明らかになった。

「いちゃもんをつけた」とされてきた家康側の主張が、実は妥当なものだとわかったことから、これから家康と事件のイメージも変わっていきそうだ。

注目すべきことに、このときの家康は、自身への許されない行為をチャンスととらえ、豊臣家を自ら滅ぼしにかかっている。さきほどの「関ヶ原の戦い」でも、敵対した大名の多くは、領地を没収しても命は助けたが、石田三成ら首謀者の3人は処刑している。**「敵対した相手を許す」ことが基本でも、天下統一の大事な場面では、自分の手を汚す覚悟で戦ってきたのが家康**だった。

常に「いかにして人の心をつかむのか」を考え抜きながら、重要な判断を間違えなかった家康。たなぼたを期待せずに最後まで戦い抜き、約260年にわたる「天下泰平の世」の基礎を築き上げた。

源頼朝（1147〜1199）

徳川家康は読書家だったことでも有名だ。とりわけ熱心に読んだのが、鎌倉時代について書かれた『吾妻鏡』である。江戸幕府を開くにあたり、鎌倉幕府を開いた源頼朝がどんな政治を行ったのかを、家康は参考にしたようだ。

そんな頼朝もまた、一般的な評判はあまりよろしくない。人気者の弟・源義経と最終的に敵対したことや、何より「平家打倒に向けて戦ったのは、義経や範頼ら弟たちであり、頼朝は命令しただけ」というイメージが、不人気の理由にあるようだ。

しかし、実際のところは、頼朝でなければ、武士たちをまとめるのは難しかっただろう。頼朝は武士の望みをよく理解し、領地を保証したり、恩賞を与えたりことで、求心力を高めた。それでいて京都生まれの武家貴族だったため、東国武士にはあまりない洗練された立ち居振る舞いで、朝廷とも対等にわたり合うことできた。

同時代を生きた貴族の九条兼実は、頼朝について「自分の考えを持ち、冷静に正しい判断を下した」と書く。全体を見渡すことに長けたリーダーだった。

これまでの田沼意次（1719～1788）といえば？

江戸幕府の政務をまとめる最高職で、将軍に次ぐ権力者である「老中（ろうじゅう）」。のちに老中の上に「大老」が置かれるが、あくまでも臨時職であり、常設の役職としては老中がトップだった。江戸時代中期において、田沼意次は第10代将軍の徳川家治（とくがわいえはる）のもとで老中になると、自分の立場をフル活用する。商人たちからワイロとして不正にお金をもらいまくって、私腹（しふく）を肥（こ）やしたのである。その金権政治には、当時の庶民たちからも激しい批判が寄せられることに……。ずるがしこい「ワイロ政治家」として後世に名を残した、典型的な嫌われ者である。

これまでにない政策で経済と文化を盛り上げていた

地道な努力で将軍の信頼を勝ち取る

田沼意次は「ワイロ政治家」としての印象が強いがゆえに、その性格も目立ちたがりでうさんくさい人物だと思われがちだ。だが**将軍に仕え始めたときは、ほとんど存在感がなかった**というから、意外である。

意次の父で紀州藩士の田沼意行（たぬまおきゆき）は、8代将軍・徳川吉宗（とくがわよしむね）によって幕臣へと取り立てられた。晩年には「小納戸頭取（こなんどとうどり）」という、将軍の世話係のリーダーも務めている。

自然な流れで、意行の息子である意次も、**次期将軍候補である吉宗の子・徳川家重（とくがわいえしげ）のもとで働くようになった。**この家重の抜擢によって、意次は40歳のときに1万石の大名となっている。

それにもかかわらず、意次は家重のもとでは、目立った活躍はしていない。意次は出自が低い新人で、父以外の人脈もなかったため、動きづらかったのだろう。

それでも意次は、将軍と諸大名をつなぐポジションとして、地道に努力したようだ。**月**

のうち20日は江戸城内に寝泊まりしたというから、今なら「ブラックな職場環境」もいいところだが、過酷な激務をうまくこなしていた。

意次が幕府の政治に本格的に参加したのは、将軍位が家重から息子の家治へと引き継がれてからのこと。家重は50歳で将軍を辞したあとは、初代の家康と同様に「大御所」というポジションにつくが、翌年に死去。息子の家治への遺言(ゆいごん)として、こんなふうに伝えていたという。

「田沼意次を大事にするように」

派手な活躍こそなかったものの、**幕府のために必死に働いていた姿を、家重はちゃんと見ていてくれた**のである。

商業を重視して経済を活性化させた

家重の後を継いで**将軍となった家治は、父の遺言を守り、自分の側近として田沼意次を登用した**。おそらく、意次はこれまで「自分がもしやるんだったら、こういう改革をするのになあ」と日々、心のなかで考えていたのだろう。幕政を任されるや、その手腕を大いに発揮する。

意次はどんな政治を行ったのか。「享保の改革」を行った8代将軍の吉宗の場合は、自分たちがまず倹約することで、庶民にも「ぜいたくを禁止するように」と呼びかけた。使うお金を減らすことで、幕府の財政を立て直そうと考えたのだ。財政再建の成果はあげたものの、年貢の引き上げといった増税に対する一揆も起きていた。

そこで、意次は正反対にこう考えた。

「**みなでお金を節約するだけでは、経済は成長しない！**」

意次は、これまでの農業を中心にした考え方から脱却（だっきゃく）して、商人たちによる商業を中心にした経済政策を打ち出していく。幕府に税金を納めれば、商品を独占的に仕入れて、販売する特権を得られる「株仲間（かぶなかま）」を積極的に公認。**商業を盛んにして、商品をどんどん流通させることで、経済を活性化させることに成功した。**

また、経済を活性化させれば、お金（貨幣（かへい））の流通量が増えることになる。しかし、国内でとれる金や銀だけではお金を造る分には足りない。これ以前から、金銀が国外に出ていくのをおさえるために、「鎖国」で長崎での貿易を制限していたくらいである。

そこで意次は、当時生産量が増えていた銅と、干しアワビ、いりこ、ふかのひれといった海産物をつめた「俵物（たわらもの）」を輸出品として準備。長崎貿易を盛んにしてそれらを輸出し、その代わりに金銀を、オランダ・中国・チベット・ベトナムなどから輸入。**高まるお金の需要（じゅよう）にもしっかり対応しつつ、貿易の利益も獲得した。**

目覚ましい活躍とともに、どんどん出世した意次は、老中に就任。あれよあれよと言う間に、将軍に次ぐ最高権力者となった。

「ワイロ政治」は事実だったようだが……

しかし、商業に力を入れるあまりに、人々からこんな声が上がるようになる。

「幕府や一部の商人だけが得をしているだけじゃないか！」

実は、意次が農業よりも商業を中心にする政策を行っていくなかで、農民たちの生活は苦しくなった。そのために**田畑を捨てて都市部へ流れ込んでくる者が増え、農村は荒れ果ててしまう**。さらに、浅間山の噴火や飢饉（作物がとれなくなり、飢え苦しむこと）などの**自然災害が発生したこと**

もあり、一揆や打ちこわしが、あちこちで起こるようになった。

また、「株仲間」公認のお願いやお礼として、**商人たちから意次に不正なお金を贈る「ワイロ」がはびこる**ようになり、意次への反発は高まるばかり。そんななか、意次の息子で「若年寄（わかどしより）」の地位についていた田沼意知（たぬまおきとも）が、江戸城で刺し殺されるという事件が起こる。**意次に批判的な人々はこの犯行を大喜びし、刺殺した犯人を「よくやった」と讃えた**という。いくら嫌われ者だからといって、息子の死まで喜ばれてしまうのは、意次にとって酷な話だ。この事件をきっかけに、意次は勢いを失っていき、やがて失脚することとなった。

後世では、ワイロ政治のみが強調されて、悪役となった意次。しかし、近年は、景気を回復させた経済政策も注目されはじめて、**再評価されつつある**。

また、意次の経済政策は、江戸の経済を活性化させただけではなく、**歌舞伎（かぶき）や浮世絵（うきよえ）などの江戸文化が花開くことにもつながった**。経済面のみならず、文化面においても、意次がもたらした功績は大きいといえるだろう。

松平定信（1759〜1829）

「ワイロ政治家」という面ばかりが強調され、嫌われ者になった田沼意次だが、入れかわりに老中となって、同じく嫌われたのが松平定信だ。

田沼政治を払拭するべく、定信は「寛政の改革」を断行。庶民や武士、そして将軍にまでぜいたくを禁止して幕府の財政を立て直そうとした。

だが、いきすぎた節約に人々の不満が爆発。「これだったら、もとの田沼政治のほうがよかったなあ」というなげきが出るほど、定信は不人気に。最終的には将軍からも嫌われて、老中を辞任している。

だが一方で定信は、幕府と町民でお金を出し合い、生活に必要な道路や上下水道を修理する費用にあてたり、犯罪者が再犯しないように自立するための就労支援を行ったりと、庶民が安心して暮らせる社会を目指し、いろいろな手を打っていたのである。

また、日本近海に外国船が出没し始めると、定信は「外国に攻められてはまずい」と、いち早く海防政策にも取り組んでいる。どうしてもやりすぎたことばかりに目が行くが、人知れず、しっかり仕事をしていた。

第3章

シッパイしたから嫌われている？

これまでの武田勝頼（1546〜1582）といえば？

「甲斐の虎」と呼ばれた武田信玄は「戦国最強」と呼ばれるほど戦に強く、天下布武を目指していた織田信長をも恐れさせた。また、信玄はことあるごとに合議（今でいう会議）を開き、多くの人の意見をとりいれながら方針を決めるなど、家臣たちのやる気を出させることにも長けていた。そんな名将ぶりを見せた信玄だったが、織田家・徳川家との戦いのさなかに病死。息子の武田勝頼があとを継ぐが、織田信長と徳川家康の連合軍と戦った「長篠の戦い」で大敗してしまう。ダメ息子によって、名門の武田家はあっという間に没落（ぼつらく）へ向かって行ってしまった。

信玄亡き後も信長や家康を苦しめていた

本来は当主になる予定ではなかった

武田信玄の四男、武田勝頼は「名門・武田家を滅ぼした」として、ダメリーダーあつかいされやすい。だが、そもそもなぜ「四男」の勝頼が信玄のあとを継ぐことになったのか。

実は、**もともと跡継ぎとして有力視されていたのは、長男の武田義信**だった。義信は12歳で元服（成人）すると、2年後には今川義元の娘と結婚。1554年、16歳でむかえた初陣では信濃国佐久郡（現在の長野県）の知久氏が起こした反乱を見事に鎮圧している。

また、上杉謙信との川中島の戦いにおいても、義信は武功を上げたとされている。実力があり、血筋も母が京の有力公家の娘で申し分なく、父の信玄も期待したのだろう。**義信のために、拠点の躑躅ヶ崎館に西の御座所が建設されるなど、誰もがその将来を疑わなかった。**

ところが1565年、27歳になった**義信は信玄に謀反の疑いをかけられて、甲府東光寺に幽閉**されてしまう。確かに、これまでも信玄と息子の義信との間には、何度か意見の対立があった。ただ、父と息子で同じ戦場にいれば、口論の一つや二つくらいはするだろう。

だが、信玄には自分の父・信虎をクーデターによって追放し、当主になったという過去がある。意見が対立するたびに**「自分が父にやったことが、報いとして返ってくるのではないか」**という恐れが生まれたのではないだろうか。

実際のところ、息子の義信に味方する家臣は、父の信虎時代からの古株が多かった。自身が父を追い出した経験を持つがゆえに、優秀な義信を信玄が警戒したのだろう。将来を期待されながらも、父によって幽閉された義信は、29歳になる年の春に自害している。

長男亡きあと、誰が信玄から家督を継ぐのか。次男の龍宝は生まれながらに目が見えないために出家して僧になっており、三男の信之は10歳ですでに亡くなっている。**武田家の命運は、四男の勝頼に託さざるを得なかった**のだ。

信玄の引継ぎが遅すぎてバタバタ

勝頼は、信玄が信濃国の戦国大名・諏訪頼重の娘との間にもうけた子どもである。そのため、**勝頼には武田家ではなく諏訪家を継がせる計画で、勝頼の名には武田家に伝えられている「信」の字が使われていない**。そんな勝頼が後継者となったのは内外ともに予定外の出来事ではあったが、勝頼は徐々に軍事や外交で表に出るようになってきた。信玄と連名で書状を出すなど、政権交代を意識した姿勢を打ち出しはじめたのである。

だが、信玄はやはり勝頼のことも警戒していたらしい。勝頼を甲府に呼び寄せ、本格的に政権を譲渡をしたのは1571年のこと。信玄が病死するわずか2年前で、**信玄は自らの死期を悟るまで、勝頼を政権の中枢に置くことができなかった**のだ。

そうして1573年に53歳の信玄が没すると、勝頼は正式に後を継いだ。臨終の信玄は、

「自分が死んだら、3年間はかくしておけ。そうすれば、わしの死は誰も知るまい」

と遺言をするも、死後まもなくして他国に発覚。**信玄の死というチャンスを、織田信長や徳川家康が見逃すはずもなく、2つの勢力は急速に動き出す**。

信長や家康もビビッた！ 勝頼の意外な猛将ぶり

家康は1573年5月に武田領の駿府を攻撃し、さらに遠江国の井伊谷へと攻め込んでいる。7月には長篠城攻めを開始。9月には落城させた。

信玄亡きあとの武田軍、おそるるに足らず――。常勝軍団が見る影もない、そんなムードが漂っていたことだろう。

だが、経験の浅い者ほど実戦のなかで急成長することがある。翌年の1574年から、勝頼は積極的に打って出ている。正月に織田領の美濃へと侵攻すると**明智城をはじめ18の城を攻略**。5月には、**勝頼自身が遠江国の重要拠点である高天神城へと出馬して、見事に**

落城させている。家康は勝頼の反撃に脅威をおぼえ、信長も信玄が没した直後は「信玄の後は続くまい」と述べていたが、その評価を一転させて上杉謙信に次のような書状を送っている。

「**四郎（勝頼）は若輩ながら信玄の掟を守り、表裏を心得た油断ならぬ敵である**」

武田勝頼、侮りがたし——。家康も信長も気を引きしめたことだろう。高天神城が落とされた約1年後の1575年、家康が落としていた長篠城は武田軍に包囲されることとなった。

しかし、最強と言われた武田軍の騎馬隊は、この戦いで信長の鉄砲隊の前に敗れる。なにしろ、信玄が後継者に任せられずにグズグズしている間に、信長は鉄砲という新兵器を中心に置いた軍事改革を、15年もかけて行っていた。**惨敗したのは、勝頼だけの責任とは言いがたい**だろう。

武田家の勢力図

1573年（信玄が当主）

1580年（勝頼が当主）

しかしそれでも**勝頼が率いる武田軍は、家康はじめ周辺諸国と、実に10年近くにわたって激しい抗争を繰り返した。**信玄亡きあと、勝頼は準備不足のなかで政権を引き継いだにもかかわらず、名だたる戦国大名たちと十分に渡り合い、勇猛果敢に戦ったといえよう。

だが1582年、そうした抗争による疲弊と政権内で生じた不和によって裏切りが相次いだことで、とうとう武田家は追いつめられてしまった。勝頼は妻と息子の信勝とともに自害。勝頼の辞世の句は、名門の武田家が自分の代で終わることのもの悲しさに溢れている。

「おぼろなる　月もほのかに　雲かすみ　晴れて行くへの　西の山のは」

義理人情が理解できないKY男

主君への忠義を貫いてブレない「義の男」

これまでの石田三成（1560～1600）といえば？

幼いころから豊臣秀吉に仕えた石田三成は、頭脳明晰で事務能力に長けていた。だが、頭の良さが鼻につくせいか、主に軍事を担当した加藤清正や福島正則ら「武断派」の武将たちからはとことん嫌われて、ついには襲撃されたことも……。関ヶ原の戦いでは、西軍を率いた三成だったが、人の気持ちが分からず人望がなかったために、裏切り者が続出。三成とは対照的に人心掌握に長けた徳川家康が率いる東軍に惨敗。やがて訪れる豊臣家の滅亡を、決定づける遠因になった。

不器用ながら思いやりもある義理堅い男だった

手紙では長く語れる口下手男

「これ以上、勝手なふるまいをする、徳川家康を許すわけにはいかない」

豊臣秀吉に仕えた知的な武将、石田三成はそんな怒りからついに立ち上がり、家康と対決することにした。天下分け目の大決戦である「関ヶ原の戦い」直前のことだ。

秀吉の死後、家康はそれまで禁じられていた大名家同士の婚姻を推し進めるなどして、あからさまに勢力を拡大。このままでは、豊臣家が滅ぼされてしまうと、三成は挙兵を決意したのだった。

ところが、盟友の大谷吉継に、いち早く思いを打ち明けたところ、思わぬ返事が返ってきた。

「**お前は人望がないから、人たらしの家康には勝てるわけがない。やめたほうがいい**」

そこまでハッキリ言わなくても……。なんだか三成がかわいそうになってくるが、事実として**三成は人の心をつかむことが苦手**だった。特に三成自身が事務能力に長けた官僚タイプだったため、戦場で力を発揮する加藤清正や福島正則といった**猛将タイプとは、相性がよくなかった**ようだ。

全国統一を果たした秀吉が海の向こうに目を向けて、朝鮮に出兵したときに、その溝はさらに深まったらしい。三成が戦地に送る物資や兵員を手配する一方で、加藤清正らは戦地へ。しかし、朝鮮出兵は失敗に終わり、撤退を余儀なくされることになる。『清正記』という文献によると、帰国した清正に、三成はこう声をかけたという。

「ご苦労さまでした。苦労をねぎらって今度茶会を催したい」

この言葉に、清正はカチンときた。

「何が茶会だ。こっちは戦場で食料もなく苦しんできたというのに」

そんな怒りを覚えて、清正はこんなイヤミで返した。

「ぜひ御茶をいただこう。私は7年間、朝鮮で戦い、兵糧一粒もなくて、茶や酒も持っていないので、まずい稗粥でもてなそう！」

三成からすれば、良かれと思ってかけた言葉だろう。だが、それで相手を怒らせてしまうのだから、**三成には相手の気持ちがわからないところがややあったようだ**。親友の吉継が「お前には人望がない」とはっきりと三成に伝えた理由もわかる気がする。

しかし、三成は何も**自分の思いを表現すること自体が苦手だったわけではない**。鳥の鷹

が大好きであり、上杉景勝に自分の鷹を献上したときには、こんな手紙を書いた。

「私の秘蔵の鷹でございます。アオサギを捕獲する鷹ということで他所からいただいたものですが、雁にばかり興味を持ち、私のもとでアオサギをとることはありませんでした。この春、私のところでは雁を20羽ほどとりました……」

手紙はまだまだ続き、ずっと鷹について語っている。もしかしたら、そんなオタク気質も、清正ら「武断派」とは合わなかったのかもしれない。どこかにくめない三成だった。

親しい者へのさりげないやさしさ

三成は親友に「やめておけ」と言われながらも、家康を敵に回して挙兵することを決意する。そして、三成の説得をあきらめた吉継は、三成とともに西軍として戦うことを決めている。あれだけ止めていたのになぜ……と思うが、**吉継には、忘れられない三成との思い出があった。**

それは、大坂城内の山里丸で茶会が催されたときのことだ。茶の回し飲みが始まったが、このとき、吉継は皮膚に病をわずらっていた。そして吉継のところに茶碗が回ってきたとき、**病気の皮膚から汁が一滴ぽたりと茶碗に落ちた。列席していた前田利家ら大名たちは、思わず動揺した**という。

しかし、そんななか、三成はその**茶碗に手をのばし、一気に飲み干してしまった**という。吉継に恥をかかせない三成の配慮だった。吉継は、そんな三成の友情に心を打たれ、三成が決めたならば、どこまでもついていくことを決意したようだ。

まぎれもなく熱かった豊臣家への思い

盟友の吉継も味方してくれた関ケ原の戦いだったが、**数時間であっさりと決着がつき、東軍の勝利に終わる。**だが、福島正則のように、東軍率いる家康側についたことを一生後悔した人物もなかにはいる。家康が関ケ原の戦いのあと、豊臣家をないがしろにして、自ら将軍となったからだ。そんな家康の天下取りの意図にいち早く気づき、兵を挙げて立ちはだかったのが三成だった。

しかし三成は敗れて捕らえられ、処刑されることとなった。処刑の直前に白湯を希望するが、刑場にはなかったため、警護の兵が「柿ならあるぞ」というと、三成は

「柿には胆の毒があるゆえに食さぬ」

と言って拒んだ。

警護の兵が「これから処刑される人間が体を気づかうのか」と笑うと、三成はこう言い返したという。

「大きな望みを持つ者は最後まで己の命を大事にして、本来の目的を達成しようとするものだ」

最期まで不器用に義を貫いた男、それが石田三成だった。

名門を没落させたバカ息子

セカンドライフを満喫した文化人

今川氏真

いまがわうじざね

これまでの今川氏真（1538〜1614）といえば？

1560年の「桶狭間の戦い」によって、今川軍を打ち破った織田信長。「世紀の番狂わせ」とも呼ばれるこの一戦によって、信長の評価が一気に高まるとともに、敗れた今川家の評価は地に落ちた。討ち取られた大将・今川義元のあとを継いだのが、息子の今川氏真である。だが、氏真の代になると、徳川家康や武田信玄によって今川家の領地はどんどんうばわれ、衰退の一途をたどることに。また、今川氏真は名門・今川家を滅亡へと追い込みながら、滅亡後は父の仇である信長の前でのんきに蹴鞠を披露したという。ダメダメのバカ息子として名を残すこととなった。

今川家の再建は失敗したが、新たな生き方を見つけていた

父・義元もダメ武将扱いされてきたが……

織田信長の名を広く知らしめた「桶狭間の戦い」。信長はわずか3000の兵で、2万5000もの兵力をほこる今川軍を破ったとされている（兵の数については諸説あり）。

もともと今川家は、室町時代から戦国時代にかけて、実に230年にもわたって駿河（現在の静岡県）を支配した名家中の名家だ。それが、桶狭間の戦いで大将の今川義元が討ち取られて敗北したことで、今川家は転げ落ちていくことになる。

義元亡きあと、家督は息子の氏真が継ぐことになった。この**氏真は、今川家を衰退させた張本人だとして、すこぶる評判が悪い。**

父・義元もまた、信長に討たれてしまったために「今川家を没落させた」とされる一人であり、バカにされてきた過去がある。だが、**義元は「今川家の勢力を拡大した」という点で、まぎれもなく名将**だった。それまでの領国だった駿河と遠江だけではなく、三河まで進出。3カ国を支配して、「海道一の弓取り」と称された。さらに外交面でも大きな仕事をしている。武田信玄・北条氏康・今川義元の3者の合意のもとに「甲相駿三国同盟」を結び、大勢力同士の衝突を回避したことだ。

信長にまさかの敗北を喫してしまったものの、**義元は一国のリーダーとして十分すぎるほどの活躍をした**といえよう。

それに比べて、息子の氏真は「今川家をただ衰退させただけ」というイメージを持たれている。だが、それは事実ではない。はたして、氏真はどんなリーダーだったのだろうか。

領国を守るために奔走していた

弱っていると見るや、すぐさまスキを突かれてしまうのが、戦国時代だ。

義元が討たれたと知ると、今川家の武将だった徳川家康はいち早く離れて三河の岡崎城で独立。織田信長と同盟を組んでいる。さらに**遠江国内においても反乱が続いた。**

そんななか、**氏真は反乱をなんとか食い止めて、国の立て直しに着手**した。1566年から1568年にかけては、**領内の百姓たちの訴えに応じて「徳政令」を発布**。彼らの借金を帳消しにさせている。

また、同じ1556年に氏真は、毎月6回の市を**「楽市」として商人を優遇**。さらに同年、遠江国の棚草郷で起きていた**用水問題にも対処して、村民たちから感謝されている。**

矢継ぎ早に行われた国内政策から、氏真のあせりがよく伝わってくる。なんとか**再び今川家を盛り返そうと必死になっていた**のだろう。

だが、そんなときに、同盟を結んでいたはずの武田信玄が駿河に攻め込んでくる。信玄の侵攻を受けた氏真は、遠江国の掛川城へ逃げ込んだが、すると今度は家康が攻撃をしかけてきた。弱り目にたたり目とはこのことである。

氏真は降伏して掛川城を開城。戦国大名としての今川家は事実上、滅亡することになった。

確かに、氏真は今川家を建て直すことはできなかった。それでも、領民の不満や要望に向き合い、一つひとつ、地道に解決しようとしていた。また、**掛川城を明け渡す際には、家臣の助命を引き換えにしている**。

氏真は、優秀なリーダーとまではいえなかったかもしれない。だが、信玄や信長、家康といった強大なリーダーに囲まれるなかで、明らかに衰退していく組織を任されたことを思えば、氏真なりに奮闘していた。戦国時代でなければ「**領民思いのリーダー**」として、みなに慕われたのではないだろうか。

蹴鞠や和歌をたしなむ文化人として活躍

大名としての今川家が消滅したあとも、氏真の人生は続いている。いや、むしろリスタートしたといってもよいだろう。

妻の早川殿が北条氏康の娘だったので、滅亡直後は夫婦で北条家に身を寄せている。その後、氏康が死去すると、今度は家康の庇護に入りながら京都で公家（貴族）たちと交流を深めていく。実はこの**公家たちとの交流が、家康が江戸幕府を開くときの助けにもなっており**、家康は氏真に江戸の玄関口である品川に屋敷を与えるなどして報いている。

京の地では和歌や蹴鞠を存分に楽しみながら、文化人として第2の人生を謳歌した。夫婦仲もよかったのだろう。妻の早川殿もずっとそばにおり、**プライベートも充実していた**。

もし、氏真が勇猛な武将ならば、今川家をまた盛り立てられたかもしれない。だがその一方で、父・義元や前に紹介した武田勝頼のように、戦場で散っていた可能性も高い。自分らしく輝くことの大切さを、氏真の人生は教えてくれているようだ。

競い合うのに疲れたときは、信長や秀吉、家康よりも、氏真を参考にするとよいだろう。

あの人にも意外なトコが？

北条氏政

（1538〜1590）

武田家の勝頼や今川家の氏真のように「名家を衰退させた」とされる人物は、評価が厳しくなる。北条家の場合、最後の当主は北条氏直だが、実権をにぎる先代の父・北条氏政が「豊臣秀吉の上洛命令を無視し、北条家を滅ぼした張本人」というイメージが強い。だが、本当は連絡の行き違いがあっただけで、氏政も上洛の準備をしていたことがわかっている。

また、氏政にはこんなエピソードも。父・氏康との食事で、氏政が汁をかけてはメシを食べ、汁がなくなると、またメシに汁をかけることを繰り返していた。それを見た氏康は、「メシにかける汁の量も計れんとは、当家は自分の代で終わりか」となげいたという。有名な逸話だが、実は江戸時代に生まれた作り話である。

実際の氏政は、外交では父が結んだ上杉との越相同盟を破棄、武田との甲相同盟の復活という大転換を図った。これにより関東での存在感を高め、氏政のもとで北条家は領地を最大にしている。ダメ当主あつかいは本人も「マジか……」とがっかりするかもしれない。

織田家を衰退させたダメ息子

信長の家系を大名として残した交渉人

これまでの織田信雄（1558～1630）といえば？

織田信長の次男でありながら戦がヘタで、信長から怒られたダメ息子。「本能寺の変」で父が討たれたときも、出陣はするものの兵を集められず……。信長亡きあとは、明智光秀を見事に討った羽柴（豊臣）秀吉に主導権をにぎられることになる。「このままではダメだ！」と一念発起して、徳川家康と手を組み、「小牧・長久手の戦い」で秀吉にいどむ。しかし、家康が善戦してせっかく勝機もあったのに、家康に無断で秀吉と和睦。その後は、秀吉の臣下として生きるしかなくなった。まさに愚将のなかの愚将である。情けない息子の姿に、信長もあの世で泣いている！

調整役として活躍して織田家の存続に成功！

織田家中からも見下されていた存在

人生には誰しも「ここぞ」というときがある。織田信長の次男・織田信雄にとっては「本能寺の変」がまさにそのときだった。

なにしろ、**父の信長、そして兄の長男・信忠（のぶただ）までが命を落とした**のだ。裏切り者の明智光秀をいち早く討って、誰よりも早く仇討（あだう）ちをせねばならなかった。

しかし、知らせを受けた信雄は、2500ほどの軍勢を率いて出陣はしたものの、**光秀と戦うことなく撤退**している。ちょうど四国攻めを行っていた弟の信孝（のぶたか）に援軍を出していた事情もあったが、そもそも信雄では十分な兵を集めることが難しかった。**周囲からあまり信用されていなかった**からである。

それも無理はない。信雄はかつて父・信長に無断で伊賀に攻め込んだうえに、伊賀の郷士たちにさんざんてこずったあげくに敗戦。**激怒した信長から「親子の縁（えん）を切る！」とまで言われたことがある**。その後、信長に挽回（ばんかい）の機会を与えられて、伊賀を制圧することに成功するも、どうにも頼りないところがあったらしい。織田家の家臣たちはことあるごとに、こんなふうに言って、信雄を見下していた。

「三介殿（信雄）のなさることだから……」

そんな信雄だったから、「本能寺の変」のあとに光秀を討てなかったことも、周囲からすればある意味「でしょうね」という感想でしかなかったかもしれない。信雄とは対照的に、いち早く京都にかけつけて、光秀を討った羽柴秀吉が、織田家において存在感を発揮。信長の後継者として、のし上がっていくことになる。

信雄があっさり？和睦を決意したワケ

このままでは、秀吉が天下人として君臨することになるのではないか——。

「本能寺の変」のあと、当初は秀吉と手を組んでいた信雄だが、柴田勝家を滅ぼすと秀吉は大坂に巨大な城を築城。**秀吉に脅威を感じ始めた信雄は、徳川家康を頼って秀吉に対抗する**。それが「小牧・長久手の戦い」である。

兵力は秀吉がかなり優勢だったが、家康軍は戦いの序盤で、秀吉軍の池田恒興・元助の父子や森長可ら名の知れた武将を含め、敵兵1万あまりを討ち取ることに成功。秀吉を圧倒する。

それにもかかわらず、途中でビビッた信雄が秀吉と勝手に和睦。家康は振り上げたこぶ

しをおろすしかなかった……そんなふうに語られることがあるが、実際はやや違った。

確かに、**家康は序盤で秀吉軍を圧倒しているが、それは4月のことで、その後、戦は11月まで続いた。**その間は**一進一退の攻防が続き、徐々に兵力に勝る秀吉軍が有利になりつつあった。**

そこでいったんは和睦の話も出るが決裂。秀吉軍が信雄の本拠地である伊勢国へと猛烈な攻勢を開始した。秀吉軍の優勢が揺るぎない状態をみて、信雄は秀吉との和睦を決意することとなった。

つまり、**「小牧・長久手の戦いで家康は勝っていたのに、信雄が和解したから……」というのはよくある誤解**で、あくまでも家康は序盤戦を有利に進めていたにすぎない。**戦況が日に日に悪くなるなかで、むしろ徹底的にやられないタイミングで、信雄は和睦に動いた**ともいえよう。

戦後、家康は秀吉の求めに応じて、次男の於義伊（のちの結城秀康）を秀吉のもとに送っている。もし、「小牧・長久手の戦い」で秀吉に勝っていたと家康があくまで主張するならば、こんな要求をのむこともなかったはずだ。

やはり実質的には「家康の負け」に等しい「引き分け」だったとみるのが自然だろう。**信雄が和睦してくれたことに、家康も内心ではほっとしていたのではないだろうか。**

目立たない生き方が役立つこともある

その後の信雄は、**家康と秀吉の仲を取り持つ調整役として活躍。**最終的に、家康は秀吉の求めに応じて上洛を果たし、秀吉の家臣となることを承諾する。

結果からみれば、戦いを通じて家康にも秀吉にも恩を売ったカタチになり、身の安全を確保している。そしてこの戦いのあと、ヘタに動くことにこりたのか、信雄は信長の息子ながら**表立って行動しなくなっていった。**

秀吉死後の**関ヶ原の戦いでは、石田三成から西軍につくようラブコールを送られるも、信雄が動かずにいるうちに東軍が勝利。**どちらにも味方しなかった信雄は、家康から特に処罰されることもなく、事なきを得た。豊臣家が滅亡する**大坂の陣にも積極的にかかわらなかった。**

やがて徳川幕府を開いた家康が亡くなり、2代将軍を継いだ徳川秀忠も大御所として引退して徳川家光が3代将軍になるが、**まだ生きていた信雄は家光が催す茶会にちゃっかり参加**している。

なんだかんだで生き延び、かなり長生きした信雄。**信長には息子が数多くいたが、信雄の一族だけが、幕末まで大名としての地位を守る**こととなった。

親が偉大だろうが、周囲から「サボってる」と思われようが、むやみやたらと動かない。

それもまた、生き残るうえで大事なことなのかもしれない。

これまでの徳川綱吉（1646～1709）といえば？

江戸幕府５代将軍の徳川綱吉は、自分の子どもがなかなかできないことになやんでいた。そんなとき、「動物を大切にすればお子ができますよ。あなたは戌年生まれなので、特に犬を大事にしてはどうですか？」と言われた綱吉は「生類憐みの令」というお触れを出す。

その内容は「わざとじゃなくても、動物を傷つけた人は追放や死刑」などというメチャクチャなもの！　人々は魚や鳥を食べることもできなくなり、釣りさえも禁止。動物を飼ってもダメだということに……。動物のなかでも、特に犬を大事にしたため「犬公方」と呼ばれた綱吉。後世からもバカにされた「トンデモ将軍」として有名だ。

人への「思いやり」を大切にする社会を目指した

貧しい人に心を寄せる人情家

確かに、生類憐みの令は社会の混乱を招（まね）いた。そんなメチャクチャな法律を作った綱吉は、いかにもヤバい人物と思われそうだが、彼と面会したドイツ人医師のケンペルは、**意外にも高く評価**する記録を残している。

「綱吉は偉大なリーダーだ。祖先からの美徳（びとく）をしっかり受け継いで、法律をきちんと守り、人々に対しては、とても**優しく情にあふれた人物**である」

動物を守るためなら人を死刑にもするような綱吉が「優しく情にあふれた」とは、一体どういうことなのか？

また、こんなこともあった。大老の堀田正俊（ほったまさとし）が、江戸城の外を歩いていると、泣いているふたりの子どもの姿が目に入った。衣服がボロボロでお金がないらしい。心を痛（いた）めた正俊は助けたかったが、こんなふうに考えて素通りすることにした。

「自分は大老という大事な役職に就いている。これは自分の仕事ではない」

というのも、江戸幕府では「どの部署がどんな仕事をするのか」が、はっきりと決まっており、担当でもない仕事をするのは、かえって迷惑になると考えられていたからだ。

しかし、正俊が綱吉にそのことを話すと、綱吉はこう言った。

「まずしい者を救うことを《自分の仕事ではない》と考えたとすれば、心の迷いのあらわれだ。**人間愛を発揮するのに、事の大小は関係ない**。太陽と月は、どんなに小さなものでも照らしているではないか」

この**エピソードを見る限り、確かに綱吉は慈悲深い君主だ**。人の命を軽視するような人物だとは思えない。

実は近年の研究によると、**「綱吉に子どもができず、相談したお坊さんの言葉を信じて生類憐みの令を出した」というのは、デマだとされている**。『三王外記』という、かなり内容が怪しい書物で書かれた綱吉の話が、バズって拡散してしまったようなのだ。

では、なぜ綱吉は「生類憐みの令」のようなトンデモな法律を出したのか。

綱吉の理想だった「儒学」の教えが背景

綱吉が「生類憐みの令」を出した背景にあったのは、「**儒学**」の考え方だ。

儒学とは一言で言うと「**思いやりの心で人間関係を大切にしよう**」という学問で、綱吉は幼少期から、父で3代将軍の徳川家光から、儒学の考え方をたたき込まれていた。

家光亡きあとは、母である桂昌院が、綱吉の教育に熱心に取り組んだ。綱吉もそんな母を大切にし、儒学の教えを実践した。その良さを実感した綱吉によって、**儒学は政策にも反映される**ことになる。

将軍になった綱吉は、初代将軍・徳川家康が上野忍ヶ岡に設けた孔子廟（儒学の祖・孔子をあがめる建物）を湯島に移し、「大成殿」と命名。それと同時に、徳川幕府において学問と教育を担当する学問所を同じ場所に移している。これが「**日本で初めて学校教育が生まれた場所**」ともされる、**湯島聖堂の起源**となった。

こうして幕府で儒学を学ぶ雰囲気を盛り上げた綱吉は、**自分で儒学の本まで出している**。それどころか、**江戸城で大名たちに向けて、実に240回以上もの儒学の授業を行っている**。ちょっと参加するほうは大変だったかも……。

どうも、綱吉はやることがいつも極端だ。周囲からは「ちょっと、やりすぎだよ！」とイヤがられることも多かったに違いない。だけど**「思いやりのあふれる社会を作ろう」という理想を実現しようと、一生懸命だった**のだ。

社会的弱者も守るように命じた法律だった

実のところ、「生類憐みの令」も、「人への思いやり」を重んじた綱吉ならではの法令だった。「ありえないほど犬を大切にした」という印象ばかりが強いが、同時に、子どもや老人、馬を捨てることを禁じるなど**「犬以外の命も大事にせよ」とも説かれている**。

捨て子については、親が子どもを育てる経済力がない場合は、役人が親に代わって子どもの世話をすることも取り決めた。さらに妊婦と7歳以下の子どもは氏名の登録を義務づけることで、捨て子や子殺しを予防している。

また、綱吉は、まずしい人に食事や宿泊所を世話することを国の役目として定めたり、牢屋にいる囚人が健康を損なわないための仕組みを充実させたりもした。近代に通用するような「**社会福祉制度の充実**」を、綱吉はこの時代に手を付けていたのだからスゴい。

そんなふうに法令の内容をじっくり見ていけば、「生類憐みの令」も、**その言葉どおりに「生き物すべてに慈悲の心を持つように」と、綱吉は説きたかった**のだろう。

「生類憐みの令」が生まれた本当のワケとは？

「それにしたって、動物をケガさせたくらいで、島流しや死刑にされるなんて……」と思う人もいるかもしれない。けれども、**当時は今の私たちが暮らす社会とは、比べものにならないほど残酷(ざんこく)な世の中**だった。

別にうらみがなくても「切り捨てごめん！」と、**刀の切れ味を試すためだけに、武士が人を斬(き)ることが平気で行われていた。**戦国時代の武力がすべてだった時代をまだ引きずっていたのである。

こうした価値観をガラリと変えて「命を大切にしよう！」とみんなに思ってもらうには、**「生き物を大切にしよう！」くらい強く訴えなければならない。**マジメな綱吉はそんなふうに考えたようだ。

ちょっと理想が高すぎて周囲にはなかなか理解されなかったけれど、人を斬って当たり前の時代に、綱吉が「動物の命さえもうばってはならない」と説いたのは、**人々に慈悲の心を定着させようという強い想いからだった。**もしかしたら、綱吉が法律の目的をもっと丁寧にみんなに説明していれば、**「命の大切さを広めた名リーダー」として名を残したかもしれない。**

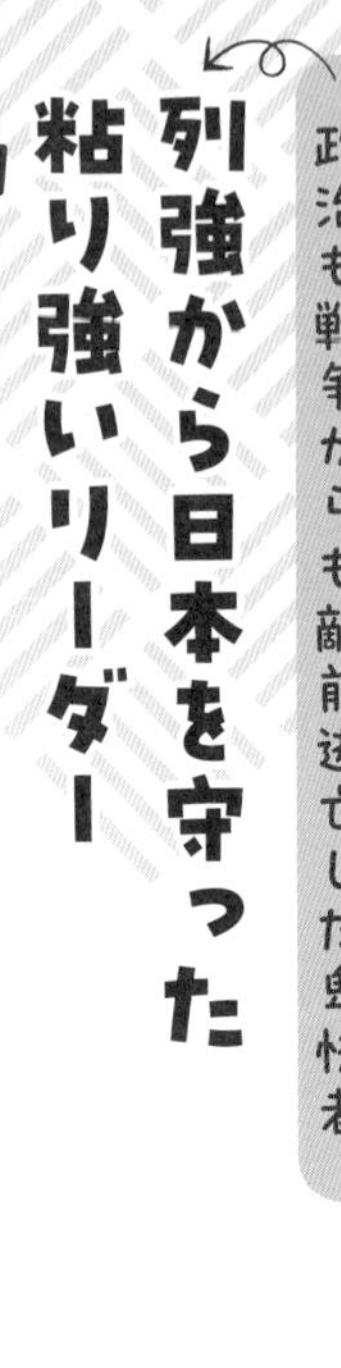

政治も戦争からも敵前逃亡した卑怯者

列強から日本を守った粘り強いリーダー

徳川慶喜（とくがわよしのぶ）

これまでの徳川慶喜（1837～1913）といえば？

260年間にもわたって泰平の世の中だった江戸時代。しかし、1867年に江戸幕府から朝廷へと政権は返されることになり、鎌倉幕府が開かれてから、約700年も続いた武士による政治にピリオドが打たれることとなる。いわゆる「大政奉還」だ。このとき、徳川将軍による政治を「やーめた」と放り出したのが、第15代将軍の徳川慶喜である。慶喜はその後「鳥羽・伏見の戦い」で、薩摩や長州などで構成された新政府軍とぶつかるが、不利だと見るや大坂城から勝手に退却。総大将にもかかわらずこっそりと自分は数人の取り巻きとともに、江戸に逃げ帰ったミスター卑怯者として名前が残った。

討幕派や欧米諸国とわたりあって国を護っていた

しつこく頼まれて将軍になった慶喜

「最後の将軍」となったことで、何かと批判されやすい徳川慶喜だが、**もともと将軍になんて、なりたくはなかった。**父への手紙でこんな本音をこぼしたこともある。

「**天下をとったあとに失敗するくらいなら、天下を初めから取らないほうがはるかによい**」

けれども慶喜の父は、将軍の血統に当たる「御三家」である水戸藩の第9代藩主・徳川斉昭だ。さらに母は霊元天皇の曽孫にあたる。血筋が良いうえに、慶喜は美男子で聡明だった。本人がいくらイヤがっても、周囲の期待はどんどんふくらんでいく。

慶喜が将軍になるのをイヤがったのには、ワケがある。ペリーの黒船が来航して以来、諸外国から開国のプレッシャーをかけられて、幕府は窮地に立たされていた。そうでなくても、このころは幕府の財政危機も深刻だった。そんな状況だからこそ、若きリーダーとして慶喜が期待されたわけだが、本人からすれば「火中の栗を拾う」こと以外のなにものでもない。貧乏くじを引きたくはなかったのだ。

それだけに、第13代将軍の家定（いえさだ）が亡くなった際、**次の将軍が自分ではないとわかったときには、心底うれしかったらしい**。大老（たいろう）の井伊直弼（いいなおすけ）から「次期将軍には家茂（いえもち）が選ばれた」と聞かされたとき、慶喜はこう言ってほほ笑んだという。

「血筋からいっても、家茂の振る舞いからいっても、それが妥当だ」

だが、徳川家茂は討幕運動を抑（おさ）えるために第2次長州征伐に向かう途中、大坂城で病に倒れ21歳の若さで他界。いよいよ慶喜が**将軍を引き受けざるを得ない状況になったが、それでも粘（ねば）りに粘っている**。周囲から「どうしてもぜひ！」という声が存分に高まってから、ようやく将軍職を引き受けた。

そんな慶喜からしたら、就任後にあれこれと批判されるのは「周囲にしつこく頼まれて引き受けたのに、ごちゃごちゃ文句を言われてもなあ……」という気持ちだったかもしれない。

幕末の志士らがこぞって警戒した存在

そんなやる気がなさそうな慶喜だったが、**将軍を引き受けてからは意外にも張り切っている**。フランス公使ロッシュの助言を受けながら、大規模な幕政改革に着手して周囲をおどろかせた。その様子は桂小五郎（かつらこごろう）をして、こう言わしめているほどである。

「まるで家康の再来を見ているかのようだ」

小五郎だけではない。公家の**岩倉具視は「てごわい政敵」として認め、薩長同盟の立役者である坂本龍馬も「一筋縄ではいかぬ男」と評している。**慶喜の存在が、名だたる幕末の志士たちをやきもきさせていたことがわかる。

慶喜がすごかったのは、**欧米諸国の代表者ときちんとわたりあって、開国を進めた**ことだ。もともと慶喜は開明的な考えで、こんなふうに語ったこともある。

「世界のあらゆる国が、いつの時代も変わらない人の道として、お互いに親しく交流している今、わが国だけが古くさい鎖国の習慣を守るべきではない」

それでも、慶喜は大の外国嫌いの孝明天皇や、「外国を打ち払う！」という攘夷思想を貫いた父に遠慮して、表立って開国には動かずにいた。しかし、将軍になってすぐに孝明天皇は亡くなり、父もすでにこの世を去っている。もう誰に遠慮することはない。慶喜は4カ国の公使に、兵庫開港を確約。開国派の指導者として、その存在感をあらわにしたのである。

「大政奉還」は幕府を守る反撃の一手だった

しかし、それだけ張り切っていたにもかかわらず、**将軍に就任してからたったの1年で、朝廷に政権に返してしまう。あの「大政奉還」である。**

一体、何がしたいんですか、あなたは……。

そう思いたくもなるが、これは**政権を投げ出したわけではなく、実は「攻めの一手」だった。**というのも、このころ、討幕派はいよいよ武力による内戦で江戸幕府を倒そうとしていた。その気配を察したからこそ、慶喜はさっさと政権を返してしまったのである。

政権を返されては、討幕派としては幕府を攻撃する理由がなくなってしまう。かといって、いきなり政権を渡されてもどうしようもない。なぜならば返されたのは政権だけで、広大な領地は徳川家が持ったままであり、幕府なしで政治は立ち行かない状況だからだ。

慶喜は、討幕派がいざ政権を任されても、何もできないことをよくわかっていた。だからこそ**大政奉還を行うことで内戦が起きることを防ぎつつ、かつ、今後も実質的な幕府の**

影響力を保とうとしたのである。

対決姿勢から逃げることを選んだワケは？

慶喜の思いがけない行動に対し、討幕派は苦戦させられながらも「王政復古の大号令」を発する。「天皇の中心の新政府を樹立する！」を宣言したのだ。

討幕派は何もできない、という予想は外されたが、慶喜も負けてはいない。「それならば」とばかりに、京都に目が届きやすい大阪へひらり。新政府のお手並みを拝見しながら、朝廷に働きかけて薩摩藩の排除に動いている。

さらに慶喜は、大坂城でイギリス、フランス、アメリカ、オランダ、イタリア、プロシア（ドイツの前身）などと外交を行い、諸外国との関係を強化。「君主は自分である」と対外的にアピールしながら、独自に新しい政治体制づくりに動き始める。

すべては慶喜のペースで進みつつあるかに見えた。ところが、ここで幕府側の強硬派が暴走する。何とかして武力衝突を起こしたい薩摩藩の挑発に乗ってしまい、庄内藩の兵たちによって江戸の薩摩藩邸が焼き討ちにされてしまったのである。

これをきっかけに内戦がさけられなくなると、1868年政権の主導権をめぐって、京都郊外で新政府軍と旧幕府軍が激突。鳥羽・伏見の戦いの火ぶたが切られた。討幕派との全面対決をうまくさけながら、実質的な「勝ち」を拾おうとしていた慶喜からすれば、やりきれない気持ちだったことだろう。そこで慶喜がとった行動は、総大将の身でありながら**戦の途中で大坂城を脱出。船で江戸に逃亡する**ことであった。

リーダーとしてあるまじき**敵前逃亡は、あまりにインパクトが強く、大政奉還と合わせて「無責任な政権投げ出しだった」と解釈されることとなった。**

だが、もし慶喜が現場から逃げ出さずに陣頭指揮をとり続ければ、日本最大級の内戦になったことは間違いない。そうなれば、当時、植民地主義で海外の領土を狙っていた欧米列強にスキを突かれ、よそと同じように日本が植民地になってしまっていたかも……。

外交面で活躍した慶喜は、今は国内でバラバラになっている場合ではないと、よくわかっていたのだろう。自分が逃げることで、**慶喜は内戦を早く終わらせるようにする道を選んだのではないだろうか。**

第4章

イメージ先行で嫌われている？

嫉妬深く出しゃばりな悪女

武士たちに慕われた頼れる女性リーダー

これまでの北条政子（1157～1225）といえば？

鎌倉幕府を開いた源頼朝の妻、北条政子。その嫉妬深さと我の強さから、日野富子や淀殿と並んで「日本三大悪女」の一人とまで目されている。頼朝が浮気したときには怒りのあまり、愛人の家をぶっ壊したことは、今でも語り草だ。また、頼朝亡きあとは、長男の頼家（よりいえ）、そして次男の実朝（さねとも）と、我が子をたて続けに将軍にしながら、自身は「尼将軍」として政治力を発揮。激しい性格の持ち主で、公私にわたって自分の意見を突き通そうとした、わがまま女と見られている。

信念と行動力を持って将軍や御家人のパイプ役となった

弱きを助ける強い妻として頼朝を支える

「やきもち焼きの性格である」

『大日本史(だいにほんし)』という文献で、はっきりそう書かれているのが、北条政子である。

政子は伊豆国(いずのくに)（現在の静岡県）で、豪族の北条時政(ほうじょうときまさ)の長女として生まれた。一方、「平治の乱」で平家に敗れた源頼朝は、命だけは助けられて14歳で伊豆国へ流される。やがて政子と頼朝は出会い、**二人は時政の反対を押し切って恋愛結婚**。政子が21歳、頼朝が31歳のときのことである。

仲が良い夫婦で子どもにも恵(めぐ)まれたが、**頼朝がとても女性好きだったので、浮気をしては政子を怒らせた**。頼朝が「亀の前」という女性と浮気したときには、政子は**愛人がいる屋敷をぶち壊した**という。

この**激情こそが、政子が「日本三大悪女」の一人とされている理由の一つだが、そもそも怒らせる原因を作っているのは頼朝**である。政子が「悪女」とまで責められる筋合いもないだろう。

強烈な性格ばかりが強調されがちな政子だが、御家人たちのよき相談相手になっていたようだ。また、**困っている人には、御家人に限らず手を差しのべる。**そんな優しさが政子にはあった。

例えば、頼朝が弟の義経を探しているときのことである。このとき、義経は頼朝が開いた鎌倉幕府と対立したまま、行方知れずとなっていた。

そんななか、義経と行動をともにした「静」という女性を発見。尋問を行ったが、義経の居場所はわからずじまい。頼朝は大いに怪しんだが、静が妊娠していることもあり、それ以上、しつこく探らなかったという。

解放された静が京に帰る前、頼朝と政子は「舞を観たい」とリクエストした。静は舞が得意なことで知られていたからだ。静は「私のようなものが晴れの舞台に出るのは恥です」と一度断るものの、政子は**得意な舞をやってもらうことで、静に気晴らしをしてもらいたかったのだろう。**政子にうながされて、**静は鶴岡八幡宮で舞を披露することとなった。**

その舞は見事なものだった。だが、**舞とともに披露された歌の内容が、頼朝の怒りを買う**ことになる。

「吉野山　峰の白雪　ふみわけて　入りにし人の　跡ぞ恋しき（吉野山の白雪を踏み分けて山

深くお入りになってしまった義経様が恋しい）」

　頼朝は「けしからん！　関東の平和を願うべき席で、裏切り者の義経を慕う歌とは何事だ！」と激怒。しかし、すかさず政子が夫に苦言を呈した。

「あなた、なんと情けない言いようですか。忘れたわけではございますまい。あなた様が伊豆にいらした流人のころを」

　そう語りかけて、**政子は頼朝に、自分たちが駆け落ち同然で結婚し、その後も一緒に暮らすまでには月日を要したことを思い出させた。**

「あの時の私と、今の静と、心は同じでございます。純情な思いがあるからこそ、義経殿との月日を忘れることができないのではありませんか」

　これを聞くと、**頼朝も懐かしそうに過去を振り返って静のことを許し、舞に対する褒美を与えている。**政子の思いやり深さがよくわかるエピソードだ。

御家人を勇気づけた演説と梅干しおにぎり

　その後、最愛の頼朝を事故で亡くした政子。それからは、長男の頼家が第2代将軍に、次男の実朝が第3代将軍になる。ともに政子より先に命を落としてしまったが、生前は若い彼らに**御家人を大切にすることや、上に立つ者の心がまえなどについて、ことあるごと**

に注意やアドバイスを与えている。**御家人たちも何かと守ってくれる政子を頼もしく、ありがたい存在だと思っていた**ようだ。

その後も大切な存在に次々と先立たれるなかで、政子は鎌倉幕府を守るために、大いに奮闘する。1221年、後鳥羽上皇が鎌倉幕府を打倒するべく兵を挙げて「**承久の乱**」を起こすと、政子は御家人を集め、こう切り出した。

「**みなさん、心を一つにして聞いてください**」

そこから「頼朝様から受けた恩を今こそ返すときです！」と**政子が訴えた演説は有名**だ。まさに鬼気せまる勢いで政子はさらにこう断じている。

「もしこの中に朝廷側につこうという者がいるのなら、まずこの私を殺し、鎌倉中を焼きつくしてから京都へ行きなさい」

ここまで言われれば、朝廷に心をゆさぶられていた御家人たちも、気が引きしまる。**政子の言葉に感動した武士たちは、鎌倉幕府に味方することを決意。実に20万人以上の大軍が集まり、「承久の乱」を鎮圧**している。

このとき、**東国（鎌倉幕府側）の武士に兵糧（ひょうろう）として梅干し入りのおにぎりが配られた。**これを機に、梅干しは一気に広がったともいわれている。梅干しを入れた食べ物は腐（くさ）りにくくなるため、長い従軍でもおにぎりを長持ちさせてくれる。**御家人たちを我が子のように大事にした、政子ならではの気づかい**だろう。

政子は御家人たちから「**尼将軍**」と呼ばれ、亡くなるまで鎌倉幕府を支え続けた。

横柄な態度が原因で斬られたイヤミ男

教養人かつ領民を大切にした「赤馬の領主」

吉良上野介

これまでの吉良上野介（1641～1703）といえば？

江戸時代中期の1701年、江戸城のなかで、赤穂藩の藩主・浅野内匠頭が、高家旗本の吉良上野介を斬りつけた。普段から周囲に横柄な態度をとることが多かった吉良は、たびたび人に物をせびるなど問題行動が多かった。一説には、浅野が吉良からワイロを求められて断ったことで、トラブルになったともいわれている。しかし、その後の裁きはあまりにも不公平なもの。吉良は無罪で、浅野だけが切腹。しかも藩まで取りつぶしに……。これに激怒した浅野の家臣たちは、吉良に復讐。傲慢な吉良は、その首を討ち取られた。この「赤穂事件」を題材にした作品『忠臣蔵』によって、吉良の悪名は、後世にまで語り継がれている。

斬られた真相は今でもわからないが、領民とは良好な関係だった

「主君への仇討ち」は単なる理由づけだった

『忠臣蔵』という作品の名前は、聞いたことがある人も多いだろう。歌舞伎や人形浄瑠璃（音楽と人形による劇）など、日本の伝統芸能によって、たびたび演じられてきたストーリーだ。かつては毎年の年末になると、テレビで『忠臣蔵』の時代劇が放送され、**「日本人が最も好きな物語」ともいわれている。**

『忠臣蔵』の見どころは何といっても、主君の仇討ちをするために、**大石内蔵助ら旧・赤穂藩士47人が、主君の仇・吉良上野介のところに乗り込んでいき、復讐を果たす**シーンだろう。

復讐のきっかけは、播磨国・赤穂藩の藩主である浅野内匠頭が、江戸城で吉良を短刀によって斬りつけたことにある。当時の武士たちは「ケンカ両成敗」と言われるように、ケンカをした者はお互いに悪いところがあったとされたのに、浅野だけが切腹・藩の取りつぶしまで罰せられたのだから、家臣としてもだまってはいられなかったのだろう。

ところが、この**『忠臣蔵』の物語は「事実ではない」とも指摘されている。**というのも、「赤穂藩士たちが主君と強い結びつきがあった」という史料は今のところ見つかっていない。主君が切腹に追い込まれたからといって**「仇をとる！」と立ち上がって、リスクの高い行動をとるような、深い関係性ではなかったようだ。**

むしろ**主君が切腹させられたことよりも、藩を取りつぶされたことのほうが、藩士たちにとっては、よほど深刻な問題**だった。なにしろ赤穂藩の武士全員がいきなり無職になったのである。生活していくためには、なんとか就職先を見つけなければならない。そう**追い込まれてとった行動が、吉良邸への討ち入り**だった。

「主君への仇討ち」という理由さえあれば、人々からは応援してもらえるし、復讐を果たせば、武士としてのアピールもでき、新たに雇(やと)ってくれる藩が現れるかもしれない、と考えたのである。さらにいえば、当時「**仇討ちと認められれば罪に問われない**」という事情もあった。

そのため、本来ならば**こっそり実行したほうが、計画が成功しやすいにもかかわらず、赤穂浪士たちは当日に堂々とパレードを行っている。むしろ自分たちの姿を周囲に見せつけながら、吉良邸へと向かった**のだ。

しかし、結果的には、吉良を討ち取ることに成功したものの、「仇討ち」としては認定されなかった。というのも、**「仇討ち」はあくまでも父母や兄弟のために行われるもので、「主君の仇討ち」というケースは想定されてなかった**という。

浪士たちはみな切腹が命じられて、赤穂事件の幕は閉じられることになった。

斬られるほどの悪人だったかはいまだ不明

主君のために立ち上がった47人が目的を果たして、切腹――。

藩士たちの本来の目的はともかく、そんな悲劇的な物語として語られるなかで、吉良は悪者にされたが、実際はどんな人物だったのか。

吉良上野介は、室町幕府の将軍家である足利一族に連なる名家に生まれて、朝廷との連絡や儀式の運営・指導にあたっていた。そんな**吉良の幕府での評判は、確かに良くはなかったらしい。**

『江赤見聞記』という史料によると、以前に接待役を務めた担当者が、浅野内匠頭に「上野介は欲の深い人だから進物を送ったほうがいい」とアドバイス。それに対して、浅野内匠頭は「お役目が無事終わってからならまだしも、前もって何度も送るのはどうかと思う」と、贈り物に消極的な姿勢を見せている。こんなやりとりからも、**二人の間には、やはりワイロを巡ってトラブルがあったのではないかといわれている。**

だが、その一方で、実は斬りつけた浅野内匠頭がキレやすい性格だった……という説もある。**刃傷事件の動機については、まだまだわからないことが多い。**

領主としては人々から尊敬されていた

すっかり悪役にされた吉良だが、領地があった愛知県の旧・吉良町（現・西尾市）では、**今も名君として慕われている。**この地で吉良は「黄金堤」という堤防を築いて、治水事業に力を入れた。さらに、新田を開墾することで、収穫をふやすことに成功したとも伝えられている。

有名なのが、**吉良が赤馬に乗って領内を見つつ、領民の話に耳を傾けていたという逸話**だ。どこまで事実かはわからないが、このエピソードから

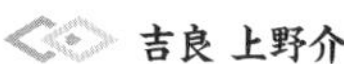

「赤馬」という赤く塗られた馬の郷土玩具まで作られている。吉良が事件のあとに移り住んだ屋敷跡は、今は公園として使われており、園内の稲荷神社では、吉良が神としてまつられている。

茶道や和歌、禅にまで通じた文化人でもあった吉良。地元で讃えられているような、名君であったかどうかはともかく、**ドラマティックな物語を創作するために、憎々しげな悪人に仕立て上げるのは、明らかにやりすぎ**であろう。

吉良もまた、これから発見される史料次第では、大きく評価が変わる可能性を持つ人物だといえそうだ。

子だくさんなだけの無能なダメ将軍

安定した世を築いて文化を盛り上げた名将軍

徳川家斉（とくがわいえなり）

これまでの徳川家斉（1773～1841）といえば？

江戸幕府第11代将軍の徳川家斉は、55人も子どもを残した「子だくさん将軍」として知られている。側室の数は、40人とも50人ともいわれているからすさまじい。女性とお酒が好きで宴会ばかり開き、遊びほうけていたという。

幕府の財政がピンチになると、マジメな松平定信を老中に抜擢。「寛政（かんせい）の改革」によって倹約が徹底されることになるが、自分の生活にも口出ししてきた定信がウザくなるとあっさりクビに。代わりにイエスマンを自分の側近にして、ますますわがまま放題、ぜいたく三昧（ざんまい）の日々を送る。国家の財政を悪化させた家斉は、江戸幕府の崩壊（ほうかい）を早めたダメ将軍である。

子だくさんは大名たちを味方にする秘策だった

50年も将軍を務められたワケ

40人～50人の側室を持ち、55人もの子どもを作った――。そのインパクトが大きすぎて、徳川家斉が持つ、もう一つの大記録が目立たなくなってしまっている。

その記録とは「在位記録」、つまり将軍でいた期間のことだ。

徳川家斉が**将軍となっていた期間は1787年から1837年まで、実に50年にもおよんだ**。これは、15人いる徳川将軍のなかで最も長いことはもちろん、**鎌倉幕府や室町幕府の将軍を合わせても、最長の治世**となる。

そのうえ、家斉は将軍職を息子の徳川家慶にゆずってからも、1841年に死去するまで「大御所」として権勢を振るい続けた。そのため、徳川家斉の治世は「大御所時代」と呼ばれることとなる。

長きにわたって安定した政権運営ができた理由の一つが、家斉の「子どもの多さ」だった。家斉は**子どもができると、男の子なら養子として、女の子なら嫁として、他の大名家へとどんどん送り込んだ**。将軍家の親戚が増えれば増えるほど、味方ばかりが増えていく。

しかも、**将軍家から養子や嫁を迎えるとなると莫大な費用がかかるため、ほかの大名のパワーをそぐことにもつながった**のである。

家斉は単に女好きで何も考えずに子どもばかりを作っていたのではなく、**長期政権を築くための布石**として、子作りを行っていたのである。

庶民への規制の少なさから「化政文化」が花開く

在位期間がただ長いだけではない。家斉が将軍だったころに**「化政文化」と呼ばれる庶民の文化が花開く**ことになる。

というのも、家斉は政治への意欲はあまり高くなく、厳しい改革を行うことがほとんどなかった。最初こそ厳しい性格の松平定信を老中にして「お金を倹約しよう」という方針だったものの、**家斉自身が嫌になって定信を辞職させている**。代わりに老中となったのは、沼津藩主の水野忠成で、家斉のいわばイエスマンだった。

ふざけた人事だったかもしれないが、文化を盛り上げる意味ではプラスとなった。政治的なしめつけの少ない自由な雰囲気のなかで、歌舞伎や浮世絵、風刺や洒落本、読本など、さまざまな文化が活性化している。

家斉も**いろんな文化を楽しんでいた**ようだ。『三国志』が好きだったので諸葛孔明の絵

を描き、『三河記』や『家忠日記』などの家康を中心にした日本史の本を読みまくったという。

また、家斉は**女好きでお酒もよく飲んだために「だらしがない将軍」というイメージを持たれがちだが、実際は早起きで、馬術や鷹狩りといった武芸でも汗を流していた。**

馬術は幕府の指南役に匹敵する腕前で、側近は誰も家斉にかなわなかったという。鷹狩りも同様に高い技術を身につけており、風や地形を読む力は、鷹狩りの師匠がおどろくほどだった。

意外にも**文武両道な家斉のもと、江戸文化は最盛期をむかえる**ことになった。

朝廷を大切にして天皇を感激させる

家斉の意外な一面はほかにもある。それは**朝廷を大事にした**ことである。

政治に関心が薄いために怠け者の印象がある家斉だが、**朝廷にはこまめに贈り物をし、また毎年菊の花を花瓶に挿して献上**していた。道中で菊はしおれてしまっていたが、その心づかいに光格天皇は心を打たれ、こう述べたという。

「**菊はしおれている。けれども将軍の心は美しく咲いておる**」

この逸話は幕末の福井藩主・松平慶永が『逸事史補』で紹介したもので、こう続く。

「このように天皇を尊ばれることは、ほかのどなたにも及ぶことのできないところである。世の中が泰平のまま変わらないのはこの理由によってである」

家斉が、**当時から泰平の世を作った将軍として尊敬されていた**ことがよくわかる。

また朝廷との良好な関係から、家斉は**朝廷の最高職である「太政大臣」の位まで得ている**。武家で太政大臣となったのは、平清盛や足利義満、豊臣秀吉、徳川家康と徳川秀忠のみで、家斉はその6人目に名を連ねることとなった。

「子だくさん」ばかりがクローズアップされてきた家斉。この本をきっかけに、知られざる一面が、世に広く知られることを願うばかりだ。

あの人にも意外なトコが？

徳川家重
（1712〜1761）

15人いる徳川将軍のなかで、本書で紹介してきた家斉や綱吉たち以外にも、評価の低い将軍がいる。9代目の徳川家重である。

家重は鷹狩りに興味を持たず、学問もイマイチ。髪は乱れ放題でヒゲもそらないためにみすぼらしい姿をしていた。将軍として致命的なのが、他人とのコミュニケーションを苦手としていたこと。そばにいた者も、うまく聞き取ることができなかったという。

父である8代将軍の吉宗は、次のリーダーとして必死に息子を教育したものの、家重のことが不安で、62歳まで将軍の座をゆずろうとしなかった。34歳でようやく家重は将軍をゆずられた。

しかし、いざ統治がはじまると、家重は自分をカバーしてくれる側近たちを見極めて、政務を任せていく。その一人が、家重の小姓を長く務めた大岡忠光だ。名補佐役として、家重をずっと支え続けた。また、本書で取り上げた田沼意次も、家重が見出した人材だ。

将軍としての頼りなさを、家重は自覚していたのだろう。人材発掘と人材登用に長けていた。家重のもとで育った人材は、次期政権を支える存在として活かされることになる。

酒癖が悪く半年で暗殺されたダメリーダー

子ども好きで人情にも厚い教養人

芹沢鴨

これまでの芹沢鴨（？～1863）といえば？

幕末の京都で活動した、幕府の警察組織「新選組」。局長の近藤勇、そして副局長の土方歳三がまず思い浮かぶだろう。だが、初代局長を務めた人物はほかにいる。それが芹沢鴨である。

芹沢は酒が入るといつも大暴れするトラブルメーカーで、乱闘騒ぎも多かった。ある店が、反幕府勢力に資金援助しているという噂を聞いたときには、大した確認もせず襲撃してことごとく破壊。焼き討ちにして、建物をほぼ全焼させている。また、相撲力士の集団と一悶着があったときには、力士を斬りつけて大怪我を負わせた。バイオレンスすぎて最期は同僚の近藤勇らに暗殺された、リーダー失格の乱暴者。

乱暴者だが筋を通すところは心得ていた

乱暴さのなかに見える潔さと教養ぶり

新選組の初代局長を務めた芹沢鴨は、仲間であるはずの近藤勇らによって、暗殺されたことで知られている。その後は近藤が、新選組の局長として名を馳せることとなる。

芹沢が排除されたのは、あまりに乱暴者で、その行いに問題が多すぎたからだ。**芹沢の乱暴なふるまいは残念ながら事実で、新選組を結成する前から起こしている。**

芹沢は水戸藩（現在の茨城県）の芹沢村に武士として生まれた。**神道無念流の剣術修行にはげみ、免許皆伝の腕前**を持っていたという。

その後は、武田耕雲斎を師匠とし、耕雲斎が「天狗党」という政治グループを結成するとそれに参加。**旗頭（部隊長）として、隊員300人を任せられている。**人を束ねるリーダーとしての資質があると、周囲から思われていたのだろう。

ただ、残念なことに、芹沢の優れた剣の技術が、よくない方向に発揮されることが少なくなかった。ある宿に隊員と宿泊したときのことだ。**部下と意見が対立すると、カッとなってしまい、3人の首をはねてしまった**という。鹿島神宮に参拝したときには、**大きな太**

鼓をみて「目障りだ！」と激怒。鉄扇でたたき割っている。

天狗党自体が幕府から目をつけられていたこともあり、あえなく芹沢は逮捕。3人を斬った罪は言い逃れのしようもなく、**芹沢は死罪を言い渡される**ことになる。いかにも芹沢らしい逸話だらけだ。こんな荒っぽい男ならば、殺されてしまうのも仕方がないように思える。

しかし、**死罪が決まってからの芹沢の振る舞いは、なかなか肝がすわっており、堂々とした武士そのもの**。絶食により果てようと考えて、食事を一切、口にしなかった。

そして小指をかみ切ると、自分の血でこんな和歌を牢屋に残した。

「雪霜に　色よく花の　魁けて　散りても後に　匂ふ梅が香」（梅の花は、他の花よりも早く雪や霜のころに咲いて、雪や霜の白に彩を添える。そして花が散っても残り香があるように感じるものだ）

美しい情景が目に浮かぶようだ。乱暴な一面ばかりが強調される芹沢だが、**実は教養人としての一面もあった**。

因縁は近藤のミスがきっかけ？

処刑される寸前の芹沢だったが、そんなときに「浪士隊」の募集が行われる。時の将軍である徳川家茂が上京するため、そのボディーガードが募集されたのだ。

浪士隊の発案者である清川八郎は、**「腕に自信があれば犯罪者でも参加できる」という条件にしたため、芹沢は浪士隊に参加。**処刑されずに済むことになった。この**浪士隊の一部が、のちの「新選組」へとつながっていく。**

募集の結果、浪士隊は234人と予想以上にふくれ上がった。江戸を出発して京都を目指すが、出発から3日目にして早速トラブルが起きる。**宿舎の割り振りをしていた近藤が、芹沢の宿を取り忘れてしまった**のだ。芹沢は激怒して、「野宿をするから、暖をとる！」と言い出し、宿場の人通りがあるところで、大きな焚火をしはじめたという。これではいつか火事になると、宿場は大騒ぎに。**近藤がひたすら謝ったが、なかなか許さなかった。**

このときのいざこざを悔しそうに見つめていたのが、土方歳三や沖田総司らだ。芹沢が暗殺されたのは、このときの報復だったのではないかともいわれている。ただ、この件で**先に落ち度があったのは近藤**である。

確かに芹沢は酒グセが悪くて数々のトラブルを起こしている。だが、**暗殺までされた直接の要因は、新選組が結成されてから起きた、芹沢派と近藤派での派閥争い**だ。一方のリーダーである芹沢の命が、近藤派に狙われたというのが実態に近いようだ。

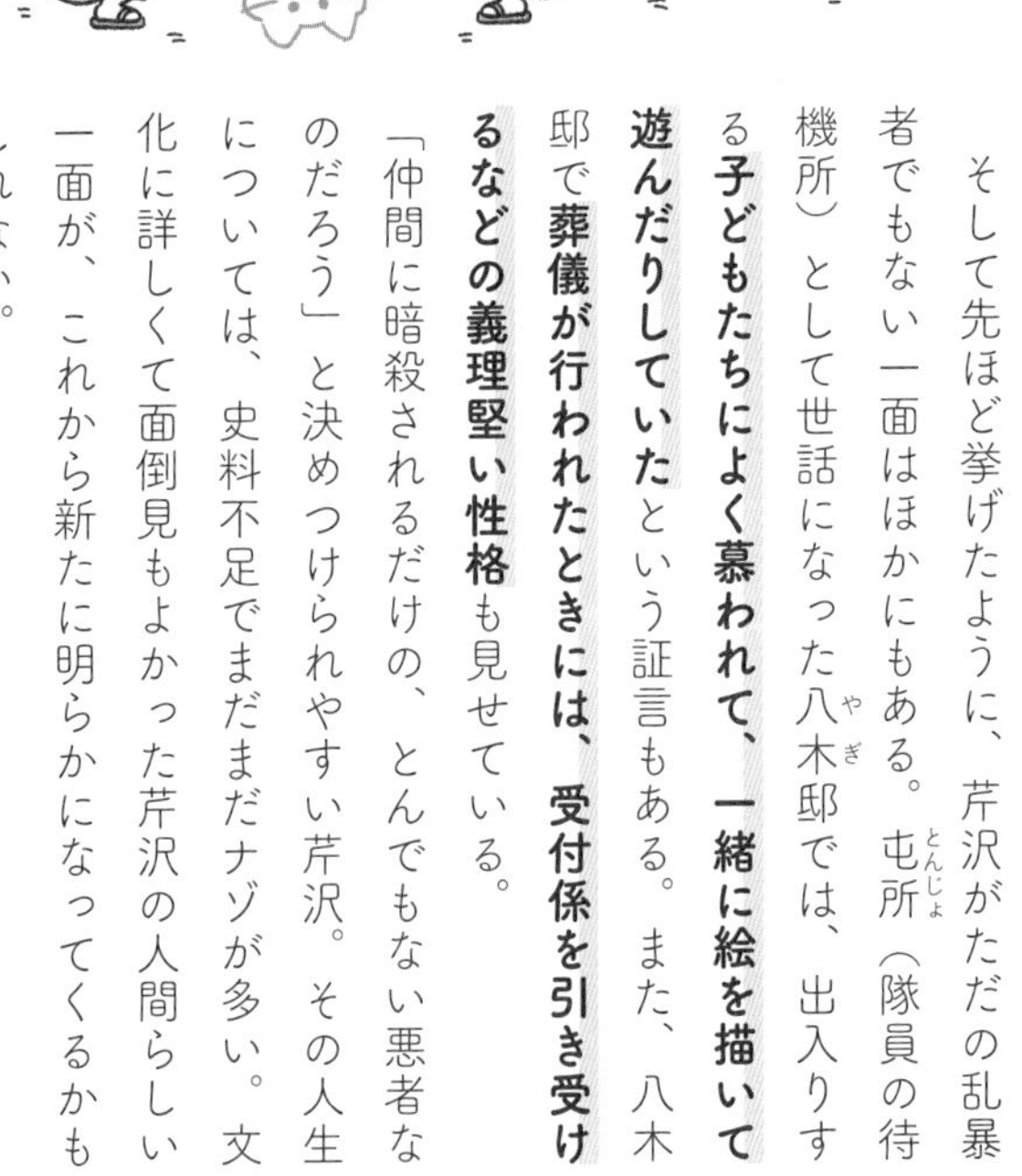

子ども好きで義理堅い一面も

そして先ほど挙げたように、芹沢がただの乱暴者でもない一面はほかにもある。屯所（隊員の待機所）として世話になった八木邸では、出入りする**子どもたちによく慕われて、一緒に絵を描いて遊んだりしていた**という証言もある。また、八木邸で**葬儀が行われたときには、受付係を引き受けるなどの義理堅い性格**も見せている。

「仲間に暗殺されるだけの、とんでもない悪者なのだろう」と決めつけられやすい芹沢。その人生については、史料不足でまだまだナゾが多い。文化に詳しくて面倒見もよかった芹沢の人間らしい一面が、これから新たに明らかになってくるかもしれない。

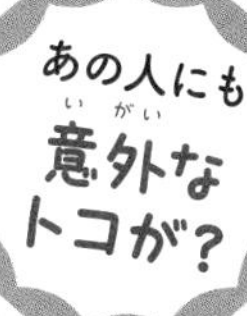

桂小五郎（1833〜1877）

幕末の世で活躍した新選組は、過激な討幕運動を行う長州藩士が集まる旅館「池田屋」をつきとめて襲撃。長州藩士のうち7名が命を落として、23名が捕まった。

この「池田屋事件」で新撰組は一気に有名になるが、このときに運よく助かったのが、桂小五郎である。池田屋に早く到着しすぎて、ほかで時間をつぶしていたため、命拾いしている。

これ以降、小五郎は幕府から追われる身となり、いつの日か「逃げの小五郎」と呼ばれるように……。ちょっと情けないあだ名のせいか、小五郎は「維新の三傑」と言われながらも、ほかの西郷隆盛や大久保利通の二人と比べて、地味な存在だ。

だが、実のところ小五郎は剣の達人で、強かった。それでも道場で「剣を学ぶ人は心が平和であることが大切」と教わったため、なるべく戦わずに逃げたのだった。

その結果、何度となく命の危険から逃れた小五郎。倒幕後は「木戸孝允」の名で、「五箇条の御誓文」や「廃藩置県」など、明治維新の原動力となって精力的に活動した。

これまでの伊藤博文（1841～1909）といえば？

明治の政治家・伊藤博文は、日本で初となる憲法制定に力を尽くし、初代内閣総理大臣を務めたにもかかわらず、その人柄が災いして、評価は決して高くない。女性好きのお調子者、軽薄な人間として、何かと軽んじられることに……。また、朝鮮を侵略して保護国とした際、自らその総督になったことも、日本が無謀な大戦へと突き進んだ原因の一つとされている。明治維新後の大事業を成し遂げ、威厳のあるヒゲをたくわえながらも、いまいちリスペクトされない「ざんねん」なリーダーだった。

努力で才能と地位を得て、調整役で大活躍した

明治維新の功労者にまとわりつく「ざんねん」エピソード

伊藤博文は、**日本で初めて内閣総理大臣となったばかりか、計4回も総理大臣を務めた。**日本で初めての憲法制定に大きく貢献したことでも知られている。

だが、それだけの実績を誇りながら、**伊藤は好感度が低く、後世でもドラマや映画などで主人公になることは、ほとんどない。**我が強い西郷隆盛や大久保利通と比べ、周囲をまとめる調整型のリーダーの伊藤は、どうしても迫力に欠けてしまうようだ。

さらに伊藤は朝鮮統監府の初代長官になったことで、**「韓国を支配した悪者」というイメージを持たれてしまったのも「語られにくい人物」となった原因の一つ**だろう。

プライベートの面では、女性が大好きだったことでも有名だ。**明治天皇から「ちょっとは女遊びをひかえなさい」と苦言を呈されるくらい**で、当時の雑誌は伊藤のスキャンダルをことあるごとに書き立てた。

こうして挙げていくと「**よく内閣総理大臣になれたな、しかも何回も……**」とあきれてしまうが、そんな伊藤の将来性を見抜いていたのが、師匠の吉田松陰だ。

未熟な若者が熱血と努力で力をつけていく

伊藤は周防国（現在の山口県）の、**貧しい農民の子として生まれた**。父が足軽になったことで武士にはなれたものの、低い身分だったことには変わりない。

「ここから、絶対にはいあがってやる！」

そんな負けん気の強さを発揮したのだろう。伊藤は17歳で松陰の塾に入門すると、学問に打ち込む。同窓の吉田稔麿から読み終わった書物をゆずってもらっては、片っぱしから読んだ。師匠の松蔭にも、そんな伊藤の一生懸命さは十分に伝わっていたようだ。伊藤について、松陰は次のような印象を持ったという。

「才能は劣っており、学問も未熟だが、実直で質素な性格である。私はとてもこの弟子を愛している」

やがて「外国を打ち払う！」という攘夷思想に目ざめた伊藤は、**「長州藩のホープ」として注目されていく**。いつしか、伊藤は**師匠の松陰から「人をまとめる才能がある」とまで評価される**ようになる。

しかし、伊藤が江戸に滞在しているときに、**松陰は「安政の大獄」によって幕府から死罪を言い渡され、処刑されてしまう**。

伊藤は先輩の桂小五郎（のちの木戸孝允）たちと、松陰の遺体の受け取りへ向かった。

首を斬られて丸裸にされた恩師の無残な姿を前に、伊藤は周囲をおどろかせる行動に出る。

「先生のお姿だけでも元に戻さないと……」

血まみれになった松陰の首を水でキレイに洗い、胴体とつなげようとしたのである。役人に制止されても伊藤はあきらめきれず、木戸がまとっていた着物で遺体をくるむと、伊藤は自分の帯を使って、松陰の胴体と首を結んで埋葬したという。伊藤の怒りと悔しさがあふれる行動に、周囲の人も胸を打たれたことだろう。

もともと伊藤は明るく、お調子者でちゃらんぽらんな性格だと思われるところがあった。だが、その**胸の奥には「日本をよい国にしたい」という熱い思いにあふれていた。**師匠の無念を胸に、伊藤はさらに見識を深めていく。21歳でイギリスへ留学して実際の外国を目にすると、**攘夷思想を改めて「欧米諸国に学ばなければならない」と決意を新たにする。**努力しておぼえた巧みな英語力を武器に、伊藤は**明治新政府で大活躍する**ことになった。

戦争の終わらせ方を心得た外交のプロ

その後、政府の重鎮として内閣総理大臣を何度も務めた伊藤は、**日清戦争では自ら全権委任として下関条約を締結。**戦争を終結へと向かわせた。

この日清戦争に勝利したことで、日本全体がロシアとの戦争へと突っ走っていくが、伊

藤は**ロシアを恐れたため、「恐露病」とバカにされた。**

だが、そんな評判もおかまいなしに、日露戦争が始まると、伊藤はすぐに貴族院議員の金子堅太郎を電話で呼び、こんな指令を下した。

「今すぐアメリカに行ってくれ。この日露戦争が1年続くか、2年続くかまた3年続くかわからないが、**もし勝敗が決しなければ、両国に入って調停する国がなければならぬ**」

日露戦争がはじまると、日本は連戦連勝を飾って勝利ムードが漂っていたが、やがて強大な兵力を温存していたロシアに対して、戦争の継続がもはや困難な状況に陥った。

そんなときに、伊藤が仕込んでいた工作が実を結ぶ。**アメリカ大統領ルーズベルトの仲介によってポーツマス条約が締結され、日本の勝利で終結**

した。もし、早期に戦争を終わらせることができなかったならば、日露戦争の勝利は危うかっただろう。

「韓国の支配者」と最期まで誤解される

2つの戦争をうまく終結に向かわせた伊藤だったが、1909年10月24日の午前9時30分、**中国のハルピン駅で暗殺されてしまう**。享年68歳だった。

伊藤を銃で撃ったのは韓国の民族運動家、安重根である。暗殺された理由として、どうも伊藤が韓国統監として日韓併合（大日本帝国が大韓帝国を併合して統治下に置いたこと）を推し進めたと、考えられていたようだ。

しかし、実のところ、伊藤は韓国統監に就任することで、軍隊の強化をもくろむ山県有朋に対抗しようとしていた。自分が韓国に進駐する軍隊をコントロールすることで、**軍部の暴走をなんとか制止しようとしていた**のである。そんな伊藤を暗殺した安重根の行為は、皮肉なことに、日本軍の膨張と統治下での抑圧へとつながっていった。

6歳年上の長州藩士である井上馨は、伊藤と生涯を通じて友達だった。その死を知った瞬間に、井上は次のようになげいたという。

「おれのようなものは早く死んでもいいが、伊藤をもっと長く世に残しておきたかった」

最期まで誤解され続けた伊藤博文。名宰相ぶりが再評価されることを望むばかりである。

電気料金を大幅値上げした「国民の敵」

「経済大国ニッポン」の基盤を作った改革者

松永安左エ門

これまでの松永安左エ門（1875〜1971）といえば？

戦後間もない1951年からの３年間、日本では電気料金が大幅に値上げされ続けた。この値上げを進めたのが、実業家の松永安左エ門である。

庶民から猛反発が起きたことはもちろん、経済団体もこぞって反対の姿勢を打ち出した。安左エ門の自宅にはデモ隊が押し寄せ、連日のように脅迫状が届けられた。安左エ門を悪者にした劇まで上映されたというからすさまじい。戦後の日本において、これほどの嫌われ者もめずらしいだろう。それでも考えを変えることなく、電気料金の値上げを断行したため、血も涙もない男とされた。

自ら嫌われ者になって戦後復興を後押しした

子どものころから行動力お化け

「**電力の鬼、松永を殺せ**」

1951年から電気料金の値上げが発表されると、そんな怖すぎるプラカードを持った民衆が、安左エ門の自宅に押し寄せてきたという。戦後日本における「嫌われ者」は、どんな男だったのか。

安左エ門は1875年、長崎県の壱岐島(いきのしま)に生まれた。実家は、運送・酒屋・金融など様々な業種を手がける庄屋(しょうや)だった。

父親は息子に実家を継がせようとしていたが、安左エ門にその気はなかったようだ。福沢諭吉(ふくざわゆきち)の『学問のすゝめ』に影響されて、両親にこう訴(うった)えた。

「**大きなことを成し遂げるために、東京の学校で学びたい！**」

反対されると、安左エ門は「認めてくれるまで、食事をしない！」というキョクタンな作戦を決行（おいおい）。抵抗は数日にもおよび、家族も認めざるを得なかったようだ。

安左エ門のように「やりたいことがあれば、やらずにはいられない」というタイプの人は、時に周囲を困らせてしまう。安左ヱ門がのちに嫌われてしまった理由が、ここに早くも現れていると言えそうだ。

だが、そんな人こそが大きな仕事をすることが多いのも、また事実。**安左ヱ門はありあまる行動力で、自分の人生だけではなく、社会まるごとを変えていく**ことになる。

大成功から一転して破産する

東京に出て学問にはげむ安左ヱ門だったが、次第にあれだけしたがっていた学問へ興味を失ってしまう。そのことを師匠の福沢諭吉に打ち明けると就職をすすめられ、学校を中退して日本銀行に就職するも1年で退社。その後は石炭事業の会社を立ち上げた。**性格的にも経営者のほうが向いていたようだ。**

日露戦争で石炭が高騰したことにも後押しされて、安左ヱ門は**石炭商として大成功**を収める。すると調子に乗って、ぜいたく三昧。飲めや歌えやの大騒ぎを繰り返した。

ところが、戦争が終わると不景気が襲ってきた。すると悪いことは続くもので、家が火事に遭ってしまい、**安左ヱ門は30歳過ぎにして破産**。すべてを失ってしまい、心労で体を壊して小屋にこもって療養しながら、妻と細々と生活する日々が続いた。強気の安左ヱ門も、このときばかりは自ら命を絶つことさえ考えたという。

だが、この時期に読書にふけったことで、視野が大きく広がっていく。**歴史、哲学、宗教、政治、経済とあらゆる分野を勉強**しながら、自身の人生をこう反省した。

「青年時代の私は成功にこだわりすぎた。つまり、野心に燃えすぎたのだ」

心を入れ替えた安左エ門は、鉄道事業に乗り出す。自身も泥だらけになりながら工事にあたるなど、懸命に働いた。やがて鉄道の動力である電気に着目。**天職となる電気事業に、35歳でたどり着く**ことになった。

復活も大暴言で隠居、しかし？

安左エ門が率いる「東邦電力」は、九州・近畿・東海地方の一府十県にもわたる供給区域を誇る電力会社へと成長した。

だが、そんな**「電力王」安左エ門の前にたちはだかったのが、また戦争**だった。時代は太平洋戦争の気配がただよい始めたときのこと。大戦に備えて国が電気事業も支配しようとしたのだ。安左エ門は、軍部に協力する官僚への怒りを燃やし、こう言い放っている。

「官僚は人間のクズである」

この発言が新聞の社会面で大体的に取り上げられると、大問題となった。この毒舌もまた、安左エ門が誤解されてしまう理由の一つだが、それだけ怒りが大きかったということだろう。すでに**64歳になっていた安左ヱ門は、発言の責任を取り、すべての仕事を辞めて隠居する**こととなった。

安左ヱ門はこのまま引退するだろう――。誰もがそう思っていたが、1945年に日本が終戦をむかえると状況は一変する。**敗戦によって日本全土が電力不足になるなか、日本を占領していたGHQが、「電気事業を政府から切り離しなさい」と指示した**のである。

ただでさえ毎晩のように停電が起こっているというのに、それを民営化するという難事業に、当時の首相・吉田茂は大いに頭をなやませた。そして、小田原にいる一人のガンコ者に白羽の矢を立てることになる。安左ヱ門だ。

嫌われ者の彼だからできたこと

こうして安左ヱ門は「電気事業再編成審議会」の会長に選出されることとなった。電力業界を去ってすでに10年。**74歳での大抜擢**だった。

自分に課せられた使命ははっきりしている、「いかに国民へ電力を供給するのか」ということだ。安左ヱ門は電力不足の状況を改善すべく、**大量の電源を開発するプランをぶちあげた**。当然、問題になるのは開発資金をどうするかだ。

「金がないというのなら、この僕がニセ札でも何でも作ってやる」

そんなめちゃくちゃなことを言いながらも、安左エ門の頭のなかでは、しっかりと対策ができていた。それこそが、安左エ門が嫌われる理由となった「電気料金の値上げ」である。

こうして全国で**「電力の鬼」安左エ門へのすさまじいバッシングが起きたが、彼は全くひるまずに部下をはげまし続けた。**

「民衆が反対するのは実情がわからないからだ。産業人や政治家が反対するのは、民衆にこびているからだ。**憎まれ役はわしが一切引き受けるから、がんばれ！**」

大ブーイングのなか、予定通りに値上げを決行。その料金をもとに各地で十分な設備投資が行われ、大規模な電源開発を行うことができた。結果的に、この**安左エ門による電気料金の値上げが、戦後の日本を経済大国へと発展させる大きな力になった**

のだ。

反対意見が出ると、耳が遠くて聞こえないふりまでしたこともあるという安左エ門。**「嫌われ者」にしかできない改革を、しっかりとやり遂げた**。

・本文で紹介した出来事やエピソードには、この本のテーマ自体がそうであったように、複数の説や解釈があります。
・本文中の歴史人物の発言や史料からの引用などには、読者の年齢層に合わせて、かみくだいた表現にしているものがあります。
・イラストの人物たちは、実際の発言とは限らず、キャラクターや状況をわかりやすくする発言をさせています。

参考文献

坂本太郎・平野邦雄『日本古代氏族人名辞典（普及版）』（吉川弘文館）
吉村武彦『蘇我氏の古代』（岩波新書）
倉本一宏『蘇我氏 ― 古代豪族の興亡』（中公新書）
水谷千秋『謎の豪族 蘇我氏』（文春新書）
倉本一宏『増補版 藤原道長の権力と欲望 紫式部の時代』（文春新書）
倉本一宏『紫式部と藤原道長』（講談社現代新書）
川口素生『大いなる謎 平清盛』（PHP新書）
浅見和彦『新編日本古典文学全集（51）十訓抄』（小学館）
田端泰子『日野富子』（ミネルヴァ日本評伝選）
小和田哲男『戦国の女性たち―16人の波乱の人生』（河出書房新社）
田端泰子『足利義政と日野富子―夫婦で担った室町将軍家』（山川出版社）
福田千鶴『淀殿』（ミネルヴァ日本評伝選）
母利美和『井伊直弼　幕末維新の個性6』（吉川弘文館）
M・C・ペリー、F・L・ホークス編集、宮崎壽子訳『ペリー提督日本遠征記（上・下）』（角川ソフィア文庫）
大久保利通著『大久保利通文書』（マツノ書店）
勝田孫彌『大久保利通伝』（マツノ書店）
佐々木克監修『大久保利通』（講談社学術文庫）
保坂弘司『大鏡 全現代語訳』（講談社学術文庫）
滝川幸司『菅原道真 学者政治家の栄光と没落』（中公新書）
梶原等『梶原景時―知られざる鎌倉本体の武士』（新人物往来社）

海音寺潮五郎『悪人列伝2』（文藝春秋）
福島克彦『明智光秀　織田政権の司令塔』（中公新書）
早島大祐『明智光秀　牢人医師はなぜ謀反人となったか』（NHK出版新書）
黒田基樹『小早川秀秋　シリーズ・実像に迫る5』（戎光祥出版）
大久保彦左衛門、小林賢章訳『現代語訳 三河物語』（ちくま学芸文庫）
大石学、小宮山敏和、野口朋隆、佐藤宏之編『家康公伝〈1〉～〈5〉現代語訳徳川実紀』（吉川弘文館）
本多隆成『定本 徳川家康』（吉川弘文館）
呉座勇一『動乱の日本戦国史　桶狭間の戦いから関ヶ原の戦いまで』（朝日新書）
笠谷和比古『徳川家康　われ一人腹を切て、万民を助くべし』（ミネルヴァ日本評伝選）
元木泰雄『源頼朝　武家政治の創始者』（中公新書）
深谷克己『田沼意次「商業革命」と江戸城政治家』（山川出版社）
後藤一朗『田沼意次 その虚実』（清水書院）
笹本正治『武田勝頼　日本にかくれなき弓取』（ミネルヴァ日本評伝選）
中野等『石田三成伝』（吉川弘文館）
平山優『徳川家康と武田勝頼』（幻冬舎新書）
大石泰史『今川氏滅亡』（角川選書）
日本史史料研究会監修、大石泰史編『今川氏研究の最前線』（歴史新書y）
黒田基樹『戦国北条五代』（星海社新書）
黒田基樹『北条氏政』（ミネルヴァ日本評伝選）
河合敦『徳川家康と9つの危機』（PHP新書）
塚本学『徳川綱吉』（吉川弘文館）
福田千鶴『日本史リブレット 徳川綱吉』（山川出版社）

ベアトリス・M・ボダルト＝ベイリー、早川朝子訳『犬将軍──綱吉は名君か暴君か』（柏書房）
山室恭子『黄門さまと犬公方』（文春新書）
渋沢栄一『徳川慶喜公伝』（東洋文庫）
家近良樹『徳川慶喜　幕末維新の個性1』（吉川弘文館）
家近良樹『徳川慶喜』（吉川弘文館）
渡辺保『北条政子』（吉川弘文館）
野口実『北条時政　頼朝の妻の父、近日の珍物か』（ミネルヴァ日本評伝選）
本郷和人『承久の乱　日本史のターニングポイント』（文春新書）
岳真也『吉良上野介を弁護する』（文春新書）
山本博文『これが本当の「忠臣蔵」　赤穂浪士討ち入り事件の真相』（小学館101新書）
岡崎守恭『遊王 徳川家斉』（文春新書）
松平春嶽著、角鹿尚計訳註『現代語訳　逸事史補』（福井県観光営業部ブランド営業課）
日本史籍協会編『木戸孝允文書（全8冊）復刻』（マツノ書店）
村松剛『醒めた炎──木戸孝允　上・下』（中央公論新社）
松尾正人『木戸孝允　幕末維新の個性8』（吉川弘文館）
永倉新八『新撰組顛末記』（新人物文庫）
鈴木亨『新選組100話』（中公文庫）
伊藤博文関係文書研究会編『伊藤博文関係文書　全9巻』（塙書房）
伊藤之雄『伊藤博文 近代日本を創った男』（講談社）
松永安左衛門『可笑しけりや笑え』（展望社）
水木陽『爽やかなる熱情』（日本経済新聞社）
橘川武郎『松永安左衛門　生きているうちに鬼といわれても』（ミネルヴァ日本評伝選）

おわりに

「パンがないのなら、お菓子を食べればいいじゃない」

フランス革命が起きる前、食糧難に苦しむ民衆が、パンを求めてデモ行進をしているのをみて、王妃マリー・アントワネットが不思議そうにそう言ったという。

この話が広がり、世間知らずでイヤな女だと、アントワネットは後世からさんざんにたたかれることになったが、実は彼女が言った言葉ではない。アントワネットが生まれる前から、庶民の苦しみを知らない高貴な者たちへの皮肉として使われていたことが、今ではわかっている。

さらに言えば、当時、フランス政府としても飢饉対策を全くしていなかったわけではなかった。アントワネットの夫である国王・ルイ16世は、穀物不足を受けて、国内にジャガイモの栽培を定着させようとした。

そのため、パーティーのときには、いつもアントワネットの胸にジャガイモの花を着けさせてアピールし、彼女自身もジャガイモを愛したと伝えられている。

本書では、そんなアントワネットのように、誤解されて嫌われた歴史人物の実像にスポットライトをあてて、その意外な素顔や知られざる業績について書いた。

これまでの人物像とは全く異なる内容に、おどろいたことだろう。私自身も、偉人研究家として多くの本を執筆するなかで、初めて知ったことばかりなのだから、無理もない。

「はじめに」で書いたように、嫌われ者たちには、ある共通点がある。

それは「自分の信念に基づいて行動をした」ということ。これは、実は「嫌われ者」と正反対の、人気のある英雄たちと同じだ。

「無能で何もしなかった」と思われがちな人物さえも、よく調べれば、誰かのためを思い、行動を起こしていた。ただ、ちょっとやりすぎてしまったり、目的がうまく伝わらなかったりして、誤解されてしまっただけ。あとから評価されることも多い。

そう考えると、歴史上の「英雄」と「嫌われ者」の違いは紙一重(かみひとえ)の部分がある。思いやり行動の内容ではなく結果によってヒーローにも悪役にもなる。それが歴史のおもしろいところだし、こわいところかもしれない。

だから、周りから悪く言われている人がいても、すぐに「悪いやつだ」と決めつけないであげてほしい。本書に登場した「嫌われ者」のように、何か誤解されているのではないか。そんなやさしさをちょっとでも持ってもらえるとうれしく思う。


本書の執筆にあたっては、編集の早瀬隆春さんに多大なサポートをいただいた。また、メイボランチさんには、かわいいイラストを描いてもらった。嫌われ者の偉人たちも、喜んでいることだろう。心から感謝したい。

真山知幸

真山知幸（まやま・ともゆき）

伝記作家、偉人研究家、名言収集家。

1979年、兵庫県生まれ。2002年、同志社大学法学部法律学科卒業。上京後、業界誌出版社の編集長を経て、2020年より独立。偉人や名言の研究を行い、『ざんねんな偉人伝』『ざんねんな歴史人物』（以上、学研プラス）は計20万部を突破しベストセラーとなった。徳川慶喜や渋沢栄一をテーマにした連載で「東洋経済オンラインアワード2021」のニューウェーブ賞を受賞。名古屋外国語大学現代国際学特殊講義、宮崎大学公開講座などで講師活動も行う。

『10分で世界が広がる　15人の偉人のおはなし』（高橋書店）、『賢者に学ぶ、「心が折れない」生き方』（誠文堂新光社）、『ヤバすぎる！ 偉人の勉強やり方図鑑』（大和書房）など著作は60冊以上。YouTube「真山知幸チャンネル」でも発信しながら、4児の父として育児に執筆にと日々奮闘中。

実はすごかった!?　嫌われ偉人伝

2024年 6 月 30 日　初版第 1 刷発行

著　者――真山 知幸

発行者――張 士洛

発行所――日本能率協会マネジメントセンター

〒103 - 6009 東京都中央区日本橋2-7-1　東京日本橋タワー

TEL 03（6362）4339（編集）／03（6362）4558（販売）

FAX 03（3272）8127（編集・販売）

https://www.jmam.co.jp/

装丁――――――原真一朗（Isshiki）

イラスト――――メイ ボランチ

本文DTP――――株式会社明昌堂

印刷・製本―――三松堂株式会社

ISBN978-4-8005-9233-0　C0021

落丁・乱丁はおとりかえします。

PRINTED IN JAPAN